סרטירפ לש לושיבה רפס

םיעטהו דירפה םלועה תא ומעטת ,םימיעטו םיטושפ םינוכתמ 100
תויגרפה לש

אייגש אריאב

.תורומש תויוכזה לכ

רותיו בתכ

רבחמש תויגטרטסא לש ףיקמ ףסוא שמשל רומא הזה ינורטקלאה רפסב לולכה עדימה קר םיצלמומ םיקירטו םיפיט ,תויגטרטסא ,םימוכיס .רקחמ ןהילע ךרע ינורטקלאה רפסה קוידב ופקשי םדאה לש תואצותהש חיטבת אל הז ינורטקלא רפס תאירקו ,רבחמה ידי לע קפסל םיריבסה םיצמאמה לכ תא השע ינורטקלאה רפסה רבחמ .רבחמה לש תואצותה תא תוירחאב ואשי אל ויפתושו רבחמה .ינורטקלאה רפסה יארוק רובע קיודמו ינכדע עדימ עדימ לולכל יושע ינורטקלאה רפסב רמוחה .אצמיתש תונווכמ אל תוטמשה וא תועט לכל ,הזככ .םהילעב ידי לע תועבומה תועד םיללוכ ישילש דצ לש םירמוח .םיישילש םידדצמ דצ לש העד וא רמוח לכל תובח וא תוירחא ומצע לע חקול וניא ינורטקלאה רפסה רבחמ הרבחה תוינידמב םייופצ יתלבה םייונישה וא ,טנרטניאה תומדקתה ללגב םא ןיב .ישילש ןשוימ תויהל יושע הלאה תורוש תביתכ ןמזב הדבועכ רמאנש המ ,הכירעה תשגה תויחנהבו .רתוי רחואמ םישי יתלב וא

סיניינע ןכות

אובמ

תוקרי תויגרפ

םינפבמ םיכר ,ץוחבמ םיכירפ - ירנילוקה םלועה לש םירכומ יתלבה םירוביגה םה םירטירפ לש בחר ןווגמ ןיב עסמל ונילא ףרטצהל םכתא םינימזמ ונא הז לושיב רפסב .םעטב םיצצופמו .ןוגיטה תויורשפא לע שדחמ בושחל םכל ומרגיו םעטה תוטולב תא ותיציש תוביבל

םיעונצ םיביכרמ ךופהל ךרדו תויתריציל סבנק תועיצמה ,םחנמ לכוא לש תומלגתה םה םיטירפ ןרקס ןלשב וא ךלש ראוטרפרה תא ביחרהל שפחמש תוביבל בבוח התא םא ןיב .ןפוד יאצוי םיסיבל תונמאב הטילשל ךלש ךירדמה אוה הזה לושיבה רפס ,םיכירפה תוגונעתה םלוע תא רוקחל טוהל .תוביבל תנכה

םיללוכה ,םיקותמ דעו םיחולממ ,ץראה רודכ ינפ לע םיערתשמה םינוכתמ ולגת ולא םידומעב תועצהו ןוגיטה תונמוא לולכשל םיפיט ,תוטרופמ תוארוה ונללכ .דועו תוריפ ,םי תוריפ ,תוקרי וממח ,םילוורש ולישפה ,זא .אבה בלשל םכלש תוביבלה תא תולעהל ידכ םיוולנ םיבטרו םילבטמל .אילפהל תומיעטו תוכירפ ,תוכירפ תוביבב האלמ תירנילוק הקתפרהל אצנ ואובו ,הזה ןמשה תא

החמשה תא םתיליגש םיווקמ ונא ,סרטירפ לש לושיבה רפס -ב ונלש הריקחה תא םימייסמ ונדועב תקפסמ תוי'צנארק איבמו ךיחה תא חמשמ ,תויוברת ןיב רשגמש לכוא - תוביבל לש הפורצה תונמואו םימעט ,םימקרמ לש הגיגח םה ;תונגוטמ תונמ םתסמ רתוי םה םיטירפ .םכלש ןחלושל .קומע ןמשב ןוגיטה

יהי רצון שהמטבח שלכם יתמלא ברחש השמן החם, בניחוח הלביבות החומות-הזהובות ובציפייה לאותו ביס פריך ראשון. תודה על שאפשרת לנו להיות חלק מהרפתקת הלביבות שלך, ומי רצון שכל לביבה שתכין תהיה עדות לשילוב המענג של מראה חיצוני פריך ופנים מענג.

1. הימב תוביבל

תחא הנמ :האושת

ביכִּרְמַ

- הפונמ ןבלומ אל חמק סוכ 1
- הייפא תקבא תיפכ $1\frac{1}{2}$
- חלמ תויפכ 2
- סורג רוחש לפלפ תיפכ $\frac{1}{4}$
- ררוגמ טקסומ זוגא תיפכ $\frac{1}{4}$
- ןייאק טרוק 1
- קד הסורפ - היירט הימב תוסוכ 2

םירמוחה תא בטיה םיבברעמ

זאו ,הלעמל םיפצ םהש דע תוקד 3-5 ,הבהזהל דע םילשבמ .ןמשל תויפכ יפל םיקרוז .םיכפוה

םיננסמ לע ריינ גפוס םישיגמו םח םע בטור הליבט םא םיצור.

2. לביבות שעועית

םיטירפ 24 :הקופת

ביכְּרַמ

- םייניע תרוחש ,הנופא סוכ 1
- 2 םיצוצק ,םיערז ;םח ,םודא ,לפלפ
- חלמ תויפכ 2
- ןוגיטל ;קרי ,ןמש

םירשמ תא תיועשה הליל םימב םירק .םיננסמ ,םיפשפשמ םיקרוזו תא רועה ,םיסכמ םיטופש ,םיננסמ .תופסונ תועש 2-3 ךשמל םירשמו םירק םימב תיועשה תא בוש םיריבעמו תנחטמ רשב תרזעב בהלה ןידעה ,רתויב וא םימצמצמ ןיפיט ןיפיט רדנלבב ילמשח .םינחוט תא םילפלפה .םיפיסומ תא חלמה םילפלפהו תיועשל םיפיצקמו םיפכב ץע דע שהם םיריהב םיירירווא םילדגו םידמב הניכרת.

םיממחמ תא ןמשה תבחמב הדבכ םינגטמו תא תבורעתה תופכב דע לההזהב ינשמ םידדצה .םיננסמ לע רייננ גפוס .םישיגמ םח תפסותכ לשמקאות.

3. ר'גני'ג הטטב תוביבל

תחא הנמ :האושת

ביכּרַמ

- הטטב (וליק 1/2) ;א
- ףולק ןוחט ירט ר'גני'ג שרוש תיפכ 1½
- ירט ןומיל ץימ תויפכ 2
- םישבוימ ףירח סודא לפלפ יתיתפ תיפכ ¼
- חלמ תיפכ ¼
- הלודג 1 הציב
- הרטמ לכל חמק תופכ 5
- קומע ןוגיטל יחמצ ןמש

יתיתפ ,ןומילה ץימ ,ר'גני'גה שרוש םע תררוגמה הטטבה תא קד םיצוצק ןוזמ דבעמב תבורעתה תא בטיה םיבברעמו חמקהו הציבה תא םיפיסומ ,חלמהו םודאה לפלפה.

ןמשה דותל הטטבה תבורעתמ תופכ םיפיטמו ןמשהמ רטמיטנס 1½ םיממחמ לודג ריסב םיביהזמ םהש דע.

זוקינל גפוס ריינל תוביבלה תא םיריבעמ.

4. םיליצח תוביבל

תונמ 6 :הקופת

ביִכְּרַמְ

- 2 הפורט ,םיציב
- המיעטל חלמ
- תופכ 2 בלח
- 2 קד םיסורפ ,(םיליצח) םיליצח
- קומע ןוגיטל ןמש

םיליצחה תוסורפ תא םילבוט .הלילב תלבקל דחי בלחהו חלמה ,םיציבה תא םיבברעמ המחשהל דע הנותמ שא לע ןמשב תופוצמה םיליצחה תוסורפ תא ןמשב םינגטמו הלילבב הדיחא.

5. קושיטרא תוביבל

תונמ 6 :הקופת

ביִכְּרַמ

- וליק ½ תויבוקל םיכותחו םילשובמ ,קושיטרא תובבל
- 4 תודרפומ ,םיציב
- הייפא תקבא תיפכ 1
- םיצוצק ,םיקורי םילצב 3
- תררוגמ ןומיל תפילק ףכ 1
- חמק סוכ ½
- םעטה יפל לפלפו חלמ
- סרית ןלימע ףכ 1
- סרית וא םינטוב ןמש ,ןוגיטל ןמש תוסוכ 4

םיפיסומ .הייפא תקבאו םינומלח המינפ םיבברעמו הלודג הרעקב קושיטרא תובבל םיחינמ הרעקב .לפלפו חלמ ,חמק המינפ םיבברעמ .ןומיל תפילק המינפ םילפקמ .קורי לצב םינובלח םילפקמ .תוגספ םירצונש דע דחי סרית ןלימעו םינובלח םיפיצקמ תדרפנ .קושיטראה תבורעתל

דע םינגטמ .ןמש ךותל תוביבל תלילבב לש רלוד יצח לדוגב םירודכ םידירומ ,ףכ םע הבהזהל

.גפוס רײנ לע םיננסמו תררוחמ ףכב תוביבלה תא םיאיצומ

6. סביר דלוגנמ תוביבל

תחא הנמ :האושת

ביכּרַמ

- סביר דלוגנמ ילועבג 8
- חמק סוכ 1
- חלמ תיפכ ½
- הקירפפ תיפכ ⅛
- טעמ הפורט ,הציב 1
- תסמומ האמח וא ןמש תופכ 2
- בלח סוכ⅔
- קומע ןוגיטל ןמש

.בלחו האמח וא ןמש ,הציב ,הקירפפ ,חלמ ,חמק םיבברעמ

-ל םמוחש קומע ןמושב םינגטמ .בטיה ןתוא םיסכמו וזה הלילבב לועבג תוסיפ םילבוט .הקד דות 'ץניא 1 לדוגב םחל תייבוק םיחשהל ידכ קיפסמ םח אוהש דע וא F 375

םח רונתב םוח ריינ לע םיננסמ

7. לביבות תאנים

םינאת 24 :הקופת

ביכּרַמ

- תוקצומ תולשב םינאת 24
- תודרפומ ,םיציב 2
- בלח סוכ $\frac{5}{8}$
- ןמש ףכ 1
- חלמ טרוק 1
- תררוגמ ןומיל תפילק
- חמק םרג $20\frac{1}{2}$
- רכוס ףכ 1
- ןוגיטל ןמש

המינפ םיבברעמ .ןומילה תפילקו חלמה ,ןמשה ,בלחה םע םינומלחה תא הרעקב םיפרוט
.םייתעש ךשמל הלילבה תא םיררקמ .בטיה םיבברעמו רכוסהו חמקה תא

םינאתה תא םילבוט .הלילבה ךותל םתוא םילפקמו ביצי ףצקל םינובלחה תא םיפיצקמ
.הבהזהל דע םחו קומע ןמשב ןתוא םינגטמו הלילבב

.ןפוא ותואב ןיכהל ןתינ םירחא תוריפו תוננב ,םישמשמ .רכוס םירזפמו תורצק םיננסמ

8. לפת לביבות עם מעורב-ירוק

תונמ 6 :הקופת

ביִכְּרַמ

- האמח סוכ $\frac{1}{4}$
- ץוצק לצב סוכ 1
- ץוצק קורי לצב סוכ 1
- םיצוצק ,ירלס ילועבג 2
- קד ץוצק ר'גני'ג שרוש תופכ 2
- קד תוצוצק ,םוש יניש 2
- וליק 1 תוקורי תורמצ םע תפל יבייב
- םימ תוסוכ 10
- דחוימב תולודג ףוע ריצ תויבוק 2
- םימ וא שבי ןבל ןיי סוכ $\frac{1}{2}$
- סרית ןלימע סוכ $\frac{1}{4}$
- םיזורא םימלש םיירט דרת ילע תוסוכ 6
- סורג רוחש לפלפ תיפכ $1\frac{1}{4}$
- חלמ תיפכ $\frac{1}{2}$
- הרטמ לכל הפונמ אל חמק סוכ $\frac{1}{4}$
- תולק הפורט ,הלודג הציב 1

- וגיטל יחמצ ןמש

םיקוריה תא םיניכמ.

לש םירתונה 'ט $\frac{1}{4}$-ו הציבה ,חמקה ,תררוגמ תפל םיבברעמ .הררקתהש תפל סג םיררגמ חלמו לפלפ.

ינשמ המחשהל דע ,םיכפוה ,םינגטמו תבחמל תוביבל תבורעת לש השודג תיפכ םיפיסומ םידדצה

9. קישואים לביבות קינוח

תונמ 2 :האושת

ביכרמ

- םיציב 2
- ןמוש תלד 'גטוק תניבג סוכ⅔
- םיררופמ WW וא ןבל םחל תוסורפ 2
- רכוס תויפכ 6
- חלמ טרוק 1
- הייפא תקבא תיפכ ½
- יחמצ ןמש תויפכ 2
- לינו תיצמת תיפכ 1
- ןוחט ןומניק תיפכ ½
- ןוחט טקסומ זוגא תיפכ ¼
- ןוחט ילגנא לפלפ תיפכ ⅛
- םיקומיצ תופכ 2
- םיפולק אל םיררוגמ םיאושיק ךוסבל סוכ 1

תבורעת תלבקל דע םיבברעמ .םיאושיקו םיקומיצ דבלמ םירמוחה לכ תא םיבברעמ .םיציבה תבורעתל םיקומיצו יניקוז םיבברעמ .הרעקל תבורעתה תא םיקצוי .הקלח

הלילבה תא םיקרוז .ההובג תינוניב שא לע םיספ תבחמ וא ןולפט תבחמ שארמ םיממחמ תוריהזב תוביבלה תא םיכפוה .'ץניא 4 לדוגב תוגוע םיניכמו ,הלודג ףכ םע תשר לע .םישבי םיארנ םיילושהשכ

10. השירכ תוביבל

תונמ 4 :הקופת

ביִכְּרַמ

- (דנואפ 2 דרעב) ;הצוצק השירכ תוסוכ 4
- יחמצ ןמש ףכ 1
- האמח ףכ 1
- הצוצק הצמוח תוסוכ 2
- םיציב 2
- חמק סוכ ¼
- תשבוימ ןומיל תפילק תיפכ ¼
- הקותמ יראק תקבא תיפכ ¼
- ןבל לפלפ תיפכ ¼
- חלמ תיפכ ½
- הצומח תנמש

תומיחשמ אל דא ,תולשובמ ןהש דע ,תוקד 7-כ האמחבו ןמשב השירכ םינגטמ

,םיררקתמ םהשכ .םילובנ םהש דע ,דרעל ,תוקד 7 דוע םילשבמו הצמוח םיפיסומ .השירכל םיפיסומ .םינילבתהו חמקה ,םיציבה תא דחי םיפרוט

ידכ השירכ תבורעת קיפסמ המינפ תקצמ .יחמצ ןמש סוכ ¼-כ םיממחמ ,םינגטמ תבחמב ,הלק המחשהל דע ,ןושארה דצהמ תוקד 2-3 םילשבמ ."3"-½2 לדוגב קייקנפ רוציל .ינשה דצב תוקד 2-כ םילשבמו םיכפוה

מסננים על נייר סופג ומגישים.

11. קלס טרגיניוו םישדע תוביבל

תונמ 4 :הקופת

ביִכְּרַמ

- לָשׁוּבְמָ ;תומודא םישדע דנואפ $\frac{1}{4}$
- ץוצק ירט רימש ףכ 1
- הקירפפ תיפכ 1
- חלמ תיפכ $\frac{1}{2}$
- דנואפ $\frac{3}{4}$ ףלוקמ ;םימודא המדא יחופת
- ןוגיטל ;תיז ןמש
- דנואפ $\frac{1}{4}$ ורסוה םילועבג ;קלס ילע
- ימסלב ץמוח ףכ 1
- ןבאב ןוחט לדרח תיפכ $\frac{1}{2}$
- םיפלצ תיפכ $\frac{1}{2}$
- חלמ
- ירט ןוחט רוחש לפלפ
- הלועמ תיתכ תיז ןמש תופכ 3

תיפכ יצחו הקירפפה ,רימשה תא המינפ םיבברעמ ,הרעקב םישדעה תיחמ תא םיחינמ .תבורעתל םיבברעמו הרעקה ךותל המדאה יחופת תא םיררגמ .חלמ

דע ןמש לש הקד הבכשב םינגטמו רלוד יצח לדוגב תוביבל םישדעה תבורעתמ םירצוי המחשהל

המינפ םיפרוט .הנטק הרעקב לפלפהו חלמה ,םיפלצה ,לדרחה ,ץמוחה תא םיחינמ :בטור
םהש דע חלמ ימב קלסה ילע תא םיחיתרמ .הדיחא תבורעת תלבקל דע תיזה ןמש תא
תרֶָשְׁל .םילובנ

12. לביבות חצילים

תונמ 4 :הקופת

ביכְרמַ

- ןטק ליצח 1
- ץמוח תיפכ 1
- 1 הציב
- חלמ תיפכ $\frac{1}{4}$
- חמק תופכ 3
- הייפא תקבא תיפכ $\frac{1}{2}$

ץמוח םיפיסומ .םיחלמומו םיחתור םימב ךוכירל דע םילשבמ .םיליצח םיסרופו םיפלקמ המינפ םיפרוט .םיקסרמו ליצחה תא םיננסמ .עבצ יוניש עונמל ידכ הקד דומעל םיחינמו ןפואב ומיחשיש דכ תוביבלה תא םיכפוה ,םח ןמושל ךכהמ םיליפמו םירחא םיביכרמ .םוח לע םירמושו גפוס רייִנ לע בטיה םיננסמ .הווש

.'וכו היליזורטפ ,קד ץוצק לצב ךיסוהל ןתינ

13.יראקב רזג תוביבל

תחא הנמ :האושת

ביכּרַמ

- חמק סוכ ½
- טעמ הפורט ,הציב 1
- יראק תקבא תיפכ 1
- רזג וליק ½
- חלמ תיפכ ¼
- החוטש הריב סוכ ½
- הציב ןובלח 1

.הקלח הלילב רוציל ידכ הריבו יחמצ ןמש ףכ 1 ,הציב ,חלמ ,חמק בלש

םילפקמ .הלילבל ותוא םילפקמו ביצי ףצק ןובלח םיפיצקמ .יראק תקבא המינפ םיבברעמ
.רזג המינפ תונידעב

לכמ תחא הקדכ םילשבמו ,תולעמ 375 לש יחמצ ןמש דותל תבורעת לש הלודג ףכ קורז
.דצ

14. תונגוטמ הנופא תוביבל

תונמ 4 :הקופת

ביכּרַמ

- (תלשובמ) הדש תנופא תוסוכ 2
- חמק סוכ 1
- היפא תקבא תויפכ 2
- לפלפ תיפכ 1
- חלמ תיפכ $\frac{1}{2}$
- יראק תקבא ףכ 1
- םיציב 2
- בלח סוכ $1\frac{1}{2}$

.חמקה תבורעתל םיפיסומ .בלחו םיציב םיפיצקמ .םישביה םירמוחה לכ תא םיבברעמ .תלשובמ הנופא המינפ תונידעב םיבברעמ

5 דע 4 תרשמ .ריהב םוחש דע םינגטמ .סח ןמוש 'ץניא $\frac{3}{4}$ דותל ףכהמ קורז

15.תואלוממ המדא יחופת תוביבל

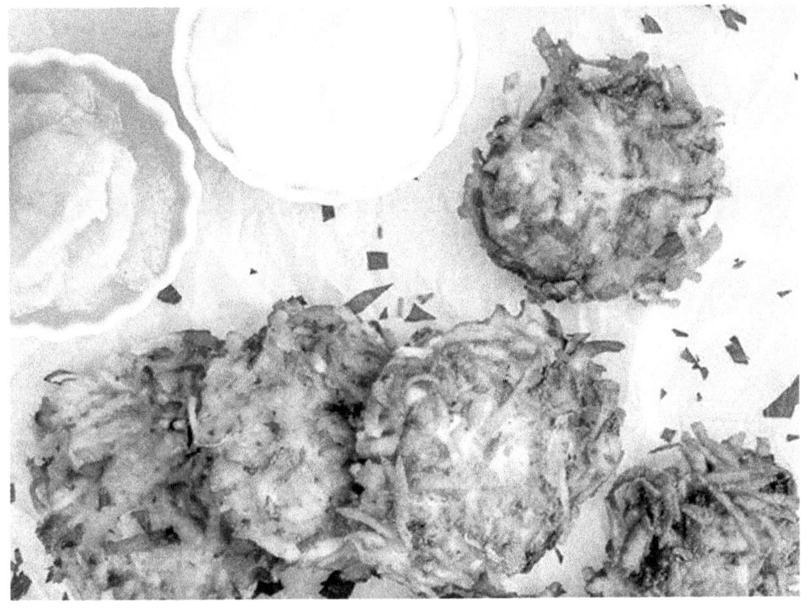

תחא הנמ :האושת

ביכִּרַמְ

- סרית ןמש סוכ $\frac{1}{4}$
- ץוצק ;םילצב (תוסוכ 1-1/2) םיינוניב 3
- דנואפ 1 ןוחט רקב רשב
- חלמ תיפכ 1
- לפלפ תיפכ $\frac{1}{2}$
- דועמו לשובמ ;המדא יחופת דנואפ 3
- הָכוּמ ;1 הציב
- םעטה יפל וא ;חלמ תיפכ 1
- ןוחט ןומניק תיפכ $\frac{1}{2}$
- לפלפ תיפכ $\frac{1}{2}$
- תוצמ תחורא סוכ 1

רשב םיפיסומ .הבהזהל דע בוברע דות תינוניב שא לע לצב םינגטמו תבחמב ןמש םיממחמ .םידאתמ םילזונה לכו השבי תבורעתהש דע בוברע דות םינגטמו לפלפו חלמ ,רקב הריפ םיפיסומ.

םילפקמו הבידנ תילמ זכרמב םיחינמ .דיה ףכב לוגיעל המדא יחופת קצב סוכ יצח םירצוי טעמ סוחפ קינקנ תרוצל קצבה תא

.םידדצה ינשמ המחשהל דע תינוניב שא לע ןמשב תבחמב םינגטמ

16.תוירטפ תוביבל

תונמ 6 :הקופת

ביכְּרַמ

- הרטמ לכל חמק סוכ 1
- 1 הריב לוכי תויקנוא 12
- חלמ תיפכ $1\frac{1}{2}$
- רוחש לפלפ תיפכ $\frac{1}{4}$
- הקירפפ תיפכ 1
- וליק 1 תוירטפ
- ןומיל ץימ
- חלמ
- ןוגיטל ןמש תוסוכ 4

תבורעת תלבקל דע ןומילו חלמ ,תוירטפ דבלמ לכה בוברע ידי לע הלילבה תא םיניכמ הקלח.

חלמו ןומיל ץימ טעמ םע תוירטפ םירזפמ.

רבכש תוירטפ םירמוש .הבהזהל דע םח ןמשל םיסינכמו הלילבב היירטפ םילבוט דומנ רונתב גפוס רייבנ תדפורמ הלע לע תולשובמ.

17. לביבות בצל

תונמ 6 :הקופת

ביִכְּרַמ

- סומוח וא םישדע חמק סוכ $1\frac{1}{2}$
- םעטה יפל וא חלמ תיפכ 1
- הייתשל הדוס טרוק 1
- ןוחט זרוא ףכ 1
- הרבסוכ/ילי'צ תקבא/ןומכ םיטרוק
- ירט קורי ילי'צ לפלפ 2 דע 1
- םידרפומו תועבטל םיסורפ , םילודג םילצב 2
- קומע ןוגיטל ןמש

ילי'צ תקבא ,הרבסוכ ,ןומכ ,ןוחט זרוא ,הייתשל הדוס ,חלמ םיפיסומו חמקה תא םיננסמ .בטיה םיבברעמו לצבה תא םיפיסומ תעכ .בטיה בברעל ;קורי ילי'צ לפלפו

.הכרו הכימס הלילב תרצונש דע בברעל םיכישממו הגרדהב םימ םיפיסומ

ראשית זכרמב הלילבהש חיטבהל ידכ תונידעב תוביבלה תא םינגטמו ןמשה תא םיממחמ 12 דע 12 ךרעב תחקל רומא הז .ךירפו בוהז םוחל ךפוה ינוציחה קלחהש דועב ,הכר .הווצא לכב תוקד

.גפוס ריינ לע תוביבלה תא םיננסמ

18.א רוקפ

תונמ 12 :הקופת

ביכּרמַ

- סומוח חמק סוכ 1
- ןבלומ אל הרטמ לכל חמק סוכ ½
- הייתשל הדוס תיפכ ½
- רטרט םרק תיפכ ¾
- םי חלמ תיפכ ¼
- הרבסוכ תקבאו ןומכ תקבא תיפכ 1
- ןייאק לפלפו םוכרוכ תיפכ 1
- ןומיל ץימ תופכ 2
- םיסורפ המדא יחופת סוכ 1
- תיבורכ יחרפ סוכ 1
- ץוצק ףירח לפלפ סוכ 1

.םינילבתו חלמ ,רטרט םרק ,הייתשל הדוס ,םיחמק םיבברעמ

.הדבכ תנמש לש םקרמב הקלח הלילב רוציל ידכ ןומיל ץימו םימ הגרדהב המינפ םיפרוט
.שירְפְהַלְ

5-כ ,הבהזהל דע ,דיחא לושיב ידכ ךות ,םח ןמשב לובטל .יופיצל הלילבב תוקרי םילבוט
.גפוס ריינ לע םיננסמו תררוחמ ףכ תרזעב םיאיצומ .תוקד

19. וגזר פטרניפ לביבות

תונמ 4 :הקופת

ביִכְּרַמ

- דרָוּגמְ ;פינרטפ םרג 225
- דרָוּגמְ ;םירזג םימוידמ 2
- דרָוּגמְ ;לצב 1
- הצוצק היירט תיריע תופכ 3
- ירט סורג רוחש לפלפו חלמ
- תוינוניב םיציב 2
- ריזח תויקינקנ הליבח יצח
- הקזח רד'צ תניבג םרג 100
- ליגר חמק םרג 40
- הצוצק היירט יליזורטפ תופכ 2

תלבקל דע ,תחא הציבו לוביתה ,תיריעה ,לצבה ,רזגה ,םינוטספה תא דחי םיבברעמ .סג קייקנפל םיחטשמ ,עבראל םיקלחמ .הדיחא תבורעת

דע םעפ ידמ םיכפוה ,תוקד 10 ךשמב תויקינקנה תא םילשבמו הלודג תבחמ םיממחמ .הבהזהל

הבהזהל דע דצ לכמ תוקד 3 םינגטמו תבחמל תוביבלה תא םיפיסומ םייתניב

.לודג ץע לוב תרוצל םילגלגמו הביצי הסיע תריציל םירמוחה ראש תא דחי םיבברעמ תסורפ םהמ דחא לכ לעמ .תוביבלה ןיב םיקלחמו תויקינקנה תא םיצצוק .עבראל םיסרופ .הניבג

דימ םישיגמ .סמנו עובעבל דע תוקד 5-8 םילשבמו שארמ םמוחש לירגל תחתמ םיחינמ .ינטא'צו תיריעב רטועמ

20. ןיטטפ תוביבל

תונמ 4 :האושת

ביכְּרַמ

- דנואפ 1 םיטסור המדא יחופת
- רטיל 4 תיתכ תיז ןמש
- לפלפו חלמ

.םישדח םירק םימב םיחינמו הווש עבצא לדוגב תוסורפל המדא יחופת םיכתוח

ןמשה חפנ תא ליפכהל ריסב F 385-ל ןמש םיממחמ

,רייג לע םיננסמו םיאיצומ .הבהזהל דע םילשבמו םעפ לכב ןפוח המדא יחופת םיפיסומ זנוימ םע םישיגמו לפלפו חלמב םילבתמ

21. לביבות תפוחי אדמה ואגוזים

תונמ 4 :האושת

ביִכְרַמ

- םיחתור המדא יחופת 2
- חלמ
- תולודג םיציב 2
- םיצוצק דלמ יזוגא סוכ ½
- ירט ןוחט לפלפ
- קומע ןוגיטל ,יחמצ ןמש תוסוכ 5

תולעמ 360-ל קומע ןוגיטל ןמש םיממחמ

הבהזהל דע וא תוקד 2-3 םינגטמ .ןמשב ןתוא סחדת לא ךא תבורעתהמ תוביבל םיניכמ .םידדצה לכמ

.גפוס רײנב דפורמ שגמל םיריבעמ

22.תעלד תוביבל

תחא הנמ :האושת

ביִכּרַמ

- תלשובמ הריפ תעלד תוסוכ 4
- םיציב 2
- חמק סוכ 1
- חלמ טרוק 1
- הייפא תקבא תיפכ 1
- רכוס לש תושודג תופכ 2
- רכוס רטילילימ 250
- םימ רטילילימ 500
- בלח רטילילימ 500
- הנירגרמ רטילילימ 30
- םימב בברועמ סרית ןלימע רטילילימ 20

םידדצה ינשש דע דודר ןמשב ףכ םינגטמו הכר הלילב םירצוי ,םירמוחה לכ תא םיבברעמ .תולק םימיחשמ

.למרק בטור וא ןומניק רכוס םע םח םישיגמו ריינ לע םיננסמ

23. דרת תוביבל

תונמ 4 :הקופת

ביכּרַמ

- וליק 1 רחא וא ירט דרת
- םכתריחבל קרי
- תולודג םיציב 3
- בלח תופכ 2
- חלמ תיפכ 1
- לפלפ תיפכ ½
- ןוחט לצב תופכ 2
- ץוצק ירלס ףכ 1
- חמק ףכ 1
- לושיב ןמש

.קד םיצצוקו םיננסמ ,דרתה תא בטיה םיפטוש

.תוכר תוגספב םיבצינ םהש דע םינובלחה תא םיפיצקמו םיציבה תא םידירפמ

המינפ םילפקמ .חמקהו ירלסה ,לצבה ,לפלפה ,חלמה ,בלחה םע םינומלחה תא םיבברעמ
.בטיה םיבברעמ ,דרתה תאו םיפורטה םינובלחה תא

.המחשהל דע לושיב ןמשב םינגטמו 'ץניא 3 8 תוציצקל םיבצעמ

24. קומע ןמשב תונגוטמ ופוט תוביבל

תונמ 4 :הקופת

ביִכְרַמ

- חפות חמק םרג 50
- ירט סורג לפלפו חלמ
- ןוגיטל יחמצ ןמש
- תויבוקל ךותחל ;ופוט םרג 285
- קד רכוס תופכ 2
- םודא ןיי ץמוח תופכ 2
- םיברועמ רעי תוריפ םרג 300
- תוקד תויבוקל ךותח ;טולאש 2

.רכוסה תסמהל תונידעב םיממחמו תבחמב רכוסהו ץמוחה תא םיחינמ .הסלסה תא םיניכמ .ךוכירל דע תוקד 10 ךשמב תונידעב םיאיצומו טולאשה ילצבו רעיה תוריפ תא םיפיסומ .רוריק רשפא

.םימה תא הגרדהב המינפ םיפרוטו הרעקב חמקה תא םימש ,הלילבה תא םיניכמ

םינגטמו הלילבב ופוטה תא םילבוט .סח אוהש דע הקומע תבחמב ןמשה תא םיממחמ .הכירפ הלילבהש דע תוקד 1-2 קומע ןמשב

25. לביבות עגבניות

תונמ 16 :הקופת

ביכִּרַמ

- תויבוקל תוכותח ,וערז ,םיפיזש תוינבגע סוכ1⅓
- תוקד תויבוקל םיכותח ,םיאושיק סוכ⅔
- קד ץוצק ,לצב סוכ ½
- םיצוצק ענענ ילע תופכ 2
- הרטמ לכל חמק סוכ ½
- הייפא תקבא תיפכ ¾
- חלמ תיפכ ½
- לפלפ תיפכ ½
- ןומניק טובצל
- ןוגיטל תיז ןמש

הנטק הרעקב ענענו לצב ,יניקוז ,תוינבגע תויבוק םיבברעמ

תוקריה תא םיבברעמ .ןומניקו לפלפו חלמ ,הייפא תקבא ,חמק תינוניב הרעקב םיבברעמ םישביה םירמוחה ךותל.

ןמשה ךותל תלגועמ ךפכב הלילבה תא םיליפמו הלודג ןולפט תבחמב תיז ןמש םיממחמ. דצ לכל תוקד 2-כ ,הבהזהל דע םילשבמ.

םח םישיגמ ,גפוס ריינ לע םיננסמ.

26. קובמס תוביבל

תונמ 4 :הקופת

ביכִּרַמ

- קומע ןוגיטל תוינמח ןמש
- 8 לדוגל םאתהב ;םישאר
- ליגר חמק םרג 180
- קד רכוס ףכ 1
- חלמ טרוק
- 1 ןומילמ קד תררוגמ הדירג
- םיציב 2
- בלח רטילילימ 60
- שבי ןבל ןיי רטילילימ 60
- רכוס תקבאו ןומיל זירט 1

םיזיתמו ,םיציבהו ןומילה תדירג תא םיפיסומ .חלמהו רכוסה םע חמקה תא הרעקל םיפנמ דות ,חמקה ךותל םילזונה תא ףיצקהל םיליחתמ .ןייהמ יצחו בלחהמ תיצחמכ המינפ הקלח הלילבו תלבקל ןייהו בלחה ראש לש יתגרדה בוליש.

הצוחה םימירמ .הלילבה ךותל םיעובטו םהילועבגב םיחרפה תא םיחקול ,הז רחא הזב ןמשה ךותל םיקילחמ זאו ,גולזל הלילבה ףדועל םינתונו.

תוכירפו תוביבלה תא םיכפוה .ריהב בוהז םוח תויהל הרומא תיתחתה תוקד יתש רחאל השגהה ינפל חבטמ רייינ לע םיננסמ .תפסונ הקדכ.

27. לביבות פרחי שן הארי

תונמ 10 :האושת

ביכרמ

- אלמ חמק סוכ 1
- תיז ןמש תופכ 2
- היפא תקבא תויפכ 2
- יראה ןש יחרפ סוכ 1
- חלמ טרוק 1
- 1 הציב
- קיטס-ןונ יחמצ ןמש סיסרת
- ןמוש לד בלח סוכ ½

רחאלו ,הציב םיפרוט ,תדרפנ הרעקב .חלמו הייפא תקבא ,חמק דחי םיבברעמ הרעקב .תיז ןמשו םימ וא בלח םע םיבברעמ ןכמ

אל םידיפקמו ,תוריהזב םיבוהצ םיחרפ המינפ םיבברעמ .השבי תבורעת םע םיבברעמ .םתוא דועמל

.יחמצ ןמשב תבחמ וא תבחמ תולק םיססרמ

.םיקייקנפ ומכ םילשבמו ךכב םיספ לע הלילבה תא םיקצוי .ידוסי םומיחל דע םיממחמ

28. קובמס תוביבל

תחא הנמ :האושת

ביִכָּרַמְ

- 8 קובמס ישאר
- ליגר חמק םרג 110
- תוינמח ןמש תופכ 2
- םימ וא רגאל רטילילימ 150
- הציב ןובלח 1
- ןוגיטל ןמש
- הפונמ ;רכוס תקבא
- ןומיל יחלפ

םוקמב דומעל םיחינמ .רגאלהו ןמשה םע הלילבל םיבברעמו חלמהו חמקה תא דחי םיפנמ רירק ךשמל העש .םיפיצקמ תא ןובלחה דע ןשה אוהש קיזחמ תוגספב .תושקונ םילפקמ המינפ תא הציבה שממ ינפל שומישה הלילבב.

הלילבב םיחרפה ישאר תא םילבוט .קומע ןוגיטב וא הקומע תבחמב ןמש טעמ םיממחמ ואז םיקרוז ןמשל םחה ןשעמה םינגטמו דע להזהבה.

הפונמה רכוסה תקבא תא םירזפמ ,תחלצ לע םימרוע .חבטמ רײנ לע תוביבלה תא םיננסמ ןומיל יחלפ םע םישיגמו.

29.םידרו ילע תוביבל

תונמ 4 :הקופת

ביִכָּרַמ

- םידרו ילע רורצ לכ 1
- רכוס תקבא
- קותמ בטור

.תונידעב םיבברעמו תרתוכה ילע תא המינפ םיקרוז

.הבהזהל דע םינגטמו םחה ןמשל םיקרוז

תולעמ 375-ב ןמוש לש םירטמיטנס 3-4-ב םינגטמ .הלילבב ןוזמ יחתנ םילבוט :ןוגיטל .הבהזהל דע

.גפוס ריינ לע םיננסמ

.קותמ בטור ןהילעמ וא םירוטידנוק רכוס תוריפ תוביבל לע םירזפמ

30. לביבות תפוחים הולנדיות

תונמ 4 :הקופת

ביִכּרַמְ

- םיערוגמ ,םיפולק םילודג םיחופת 8
- הפונמ ,הרטמ לכל חמק תוסוכ 2
- לייא תויקנוא 12
- חלמ תיפכ ½
- רוציק וא ריזח ןמוש ,ןמש
- רכוס תקבא

.'ץניא⅓ לש יבועב םילוגיעל םיכתוח וא םיערוגמהו םיפולקה םיחופתה תא םיסרופ

םיחופת תוסורפ םילבוט זאו הקלח תבורעתהש דע ,הפרטמ םע חלמו חמק ,לייא םיבברעמ .תבורעתב

370 לש ןוגיט תרוטרפמטב הדבכ תבחמב ןמש 'ץניא 1-ב וא קומע ןמושב םינגטמ זקנל .תולעמ

31. זופת-חופת תוביבל

תונמ 18 :הקופת

ביִכְּרַמ

- בלח סוכ 1
- ץימו הפילק ,זופת 1
- הפורט ,הציב 1
- סג םיצוצק ,םיחופת סוכ 1
- הנירגרמ תופכ 4
- הגוע חמק תוסוכ 3
- רכוס סוכ $\frac{1}{4}$
- היפא תקבא תויפכ 2
- חלמ תיפכ $\frac{1}{2}$
- לינו תיפכ 1

םיפיסומ .תסמומה הנירגרמהו הציבה ,בלחה תא רסקימ תרעקב םיבברעמ .הציב םיפרוט .לינוהו םיצוצקה םיחופתה ,הפילקה ,םיזופתה ץימ תא

דע ךכ םע בלחה תבורעת ךותל םיבברעמ .הייפאה תקבא ,חלמה ,חמקה תא דחי םיפנמ .הדיחא תבורעת תלבקל

.בוהז םוחל םינגטמ .םח ןמשל ךכה הצק תא םידירומ .~350-ל תבחמב ןמש םיממחמ .ררקתהל םיחינמ .הווש ןפואב ומיחשי םהש ךכ םיכפוה

32.הרופמט תלילבב הננב תוביבל

תחא הנמ :האושת

ביכִּרַמְ

- תוננב 5
- תוננב תריפחל חמק
- קומע ןוגיטל יחמצ ןמש
- 1 הציב
- הפונמ חמק רטילילימ 125
- הייתשל הדוס תויפכ 1/2
- שבד

.לק ףצק תלבקל דע טוש תרזעב הלילבה ירמוח תא םיבברעמ

יופיצל דע חמקב םתוא םילגלגמ .מ"ס 2½ / 'ץניא 1 לש תויבוקל תוננבה תא םיכתוח .לק

השע .גפוס רייינ לע םיננסמ .הבהזהל דע ןתוא םינגטמו הלילבב הננב תוכיתח המכ םילבוט .ומייס םלוכש דע תונטק תונמב

לע הז תא םיקצוי ;םחו ילזונ אוהש דע ריסב שבד םיממחמ תוננבה.

33. שמשמ תוביבל

תונמ 8 :הקופת

ביִכְּרַמ

- 12 םינטק םישמשמ
- 12 םימלש םידקש
- ןבל םור תופכ 2
- ןבלומ אל הרטמ לכל חמק סוכ ½
- סרית ןלימע סוכ ½
- רכוס תופכ 3
- חלמ תיפכ ½
- ןומניק תיפכ ½
- הייפא תקבא תיפכ ½
- דועו ;םימ סוכ ½
- םימ ףכ 1
- תסמומ האמח תופכ 3
- ןוגיטל ;יחמצ ןמש רטיל 1½
- רכוס תקבא

.םיצירחה תונפדב םורה תא םירזפמו הרעקב םישמשמה תא םיחינמ

ןכמ רחאלו םימה תא המינפ םיפיצקמו הרעקב םישביה םירמוחה תא םיבברעמ הלילבל .תסמומה האמחה תא

םילשבתמ םישמשמהו הקומע הבהזהל דע הלילבב םישמשמה תא םילבוט גלזמ תרזעב

34. הינב לש הננב תוביבל

תחא הנמ :האושת

ביִכְּרַמ

- םירמש לש הליבח 1
- םימח םימ סוכ 1
- רכוס
- 10 דואמ תוכר תוננב
- ןומניק תופכ 3
- טקסומ זוגא תופכ 2
- חמק דנואפ $2\frac{1}{2}$
- רכוס וליק $1\frac{1}{2}$
- זופת לש תררוגמ הפילק
- חלמ תיפכ $\frac{1}{4}$

ליחתהל ידכ דומעל םיחינמו םיסכמ .רכוס טעמ םירזפמו םימח םימל םירמש םיפיסומ החפתהה ךילהתב.

,טקסומ זוגא ,ןומניק םיפיסומ .םירמש םע הלודג בוברע תרעקב בטיה תוננבה תא םיכעומ .הלילה ךשמל דומעל םיחינמו בטיה םיבברעמ .חלמו תררוגמ זופת תפילק ,רכוס ,חמק .תומכב שלשתו הלעת תבורעתה

רק וא םח וא םישיגמ .המחשהל דע םינגטמ ;קומע ןמושב ךכב הפיט

35. הננבו ןיטסוגנל תוביבל

תחא הנמ :האושת

ביכִּרַמ

- םינמנמש םיניטסוגנל 4
- הננב 1
- תויקנוא 8 סרית חמק
- ליגר חמק תויקנוא 8
- הייפא תקבא היקנוא 1
- תוינבגע פושטק ףכ יצחו 3
- ץמוח רטיל $\frac{1}{4}$
- לפלפו חלמ

פושטקה תא םיפיסומ .לפלפהו חלמה ,חמקה ,סריתה חמק תא רסקימ תרעקב םימש הייפאה תקבא תא םיפיסומ .הקלח הסיעל םיפיצקמו ץמוחהו.

ל-175-180C. ילמשח ןוגיט וא תבחמ םיממחמ

םיחינמו םכותל םיניטסוגנלה תא םיקלחמ .םייעמה תא םיקנמו םיניטסוגנלה תא םיפלקמ ןמשב םינגטמו הלילבב םילבוט .לייטקוק לקמ םע דחי םיחטבאמ . םזכרמב הננב תכיתח קומע.

36. תורמושמ קסרפא תוביבל

תונמ 4 -5 :הקופת

ביִכְרַמ

- םיסורפ םיקסרפא (תויקנוא 29) תחא תיחפ
- הדידמה ינפל הפונמ חמק סוכ 1
- חלמ תיפכ ½
- הייפא תקבא תיפכ 1
- 2 הָכּוּמ ;םיציב
- סמומ רוציק ףכ 1
- אלמ בלח סוכ ½
- יחמצ ןמש

םיפיסומ .הייפא תקבאו חלמ םע חמק םיפנמ .חמק טעמ םירזפמו םיקסרפאה תא םיננסמ .בטיה םיבברעמ .בלחו סמומ רוציק ,בטיה תופורט םיציב

.זקנתהל הלילבה יפדועל וחינה .הלילבב תוריפ םילבוט ,תוכורא תוידי םע גלזמ תרזעב

ריהב םוחש דע וא תוקד 2-3 םינגטמו (375) םח ןמשל תוריפ םיכימנמ

.רכוס תקבא םירזפמ .גפוס רייננ לע םיננסמ

37. יבירק סננא תוביבל

תחא הנמ :האושת

ביִכְּרַמ

- תויבוקל דותחל ;ירט סננא תוסוכ 2
- ןוחטו ערז ;הלי'צ Habanero לפלפ 1
- קד ןוחט ;תיריע 5
- ןוחָט ;לצב 1
- ןוחטו דועמ ;םוש יניש 2
- ןוחָט ;םיקורי םילצב 8
- םוכרוכ תיפכ $\frac{1}{2}$
- חמק סוכ $\frac{1}{4}$
- רתוי וא ;בלח סוכ $\frac{1}{2}$
- ןוגיטל ;יחמצ ןמש סוכ $\frac{1}{2}$
- הָכּוּמ ;םיציב 2
- לפלפו חלמ
- טושיקל ;סננא תועבט

.שירְפָּהַלְ ;םינושארה םיביכרמה תעבש תא םיבברעמ

4 רחאל .ילמשח רסקימב בטיה םיפרוטו דחי לפלפו חלמו םיציב ,בלח ,חמק םיבברעמ .הלילבה םע תוריפ םיבברעמ תועש

,תוקד 5-כ םינגטמו ךכב הלילבה תא םינגטמ .הקומע תבחמב יחמצה ןמשה תא םיממחמ
.םיביהזמ םהש דע וא

רק םישיגמ .גפוס ריינ לע םיננסמו תוביבלה תא םיאיצומ

38.קובמס תוביבל

תונמ 4 :הקופת

ביכִּרַמ

- (תוסוכ 1 3/4) חמק םרג 200
- םיציב 2
- (תופכ 1/2 סולפ סוכ 1/2) בלח רטיל $\frac{1}{8}$
- ןטק חלמ טרוק
- 16 םילועבג םע קובמס תחירפ
- קבא יוקינל רכוס
- ןוגיטל רוציק וא ריזח ןמוש םרג 750

תא ופטש .קייקנפ תלילבל בלחהו חלמה ,םיציבה ,חמקה תא הפרטמ תרזעב םיבברעמ .גפוס ריינ םע ושבי ןכמ רחאלו ,םימעפ רפסמ קובמסה תחירפ

רכוסב םירדפמ .הבהזהל דע קומע ןמשב םינגטמ זאו ,קצבב הרצקב החירפה תא םילבוט .םישיגמו

39. לביבות פירות וירקות

תחא הנמ :האושת

ביִכְּרַמְ

- הרטמ לכל חמק סוכ 1
- הייפא תקבא תיפכ 1
- חלמ תויפכ 14
- תולודג םיציב 2
- רכוס תויפכ 2
- בלח סוכ⅔
- טלס ןמש תיפכ 1
- ןומיל ץימ תיפכ ½
- םיברועמ תוריפ
- םיברועמ תוקרי

םיפיסומ .חופתו ריהב ךצקל םיציבה תא םיפיצקמ .חלמו הייפא תקבא ,חמק דחי םיפנמ ןמז קיפסמ קר םיבברעמו חמקה תבורעת תא םיפיסומ ;ןומיל ץימ תצקו ןמש ,בלח ,רכוס .תוריפ תוביבל תנכה תעב חמקל ןומניק טרוק םיפיסומ .ביטרהל ידכ

:תוננב .'ץניא יצח לש תוסורפל םיכתוחו הביל םיריבעמ ,םיפלקמ :םיחופת :תוריפ לע 'וכו סננא ,םירמושמ םיקסרפאב שמתשה .רכוסו ןומיל ץימ םירזפמו תויבוקל םיכתוח .הלילבב םילבוט ינפל חמק דואמ תולק םירזפמ ;זוקינ ידי

.ההז ךרעב ןוגיטה ןמז לע רומשל ידכ ןלדוגב תווש תוכיתחל םיכתוח :תוקרי

מחממים שמן במחבת עמוקה ומבשלים לביבות עד להשחמה עדינה, ואז מסננים על נייר סופג.

40.ןוברוב-ןומיל בטור םע תוריפ תוביבל

תונמ 32 :האושת

ביִכְּרַמ

- הרטמ לכל ,חמק סוכ ¾
- הייפא תקבא תיפכ ½
- הפורט ,הציב 1
- תסמומ ,הנירגרמ וא האמח ףכ 1
- רכוס סוכ⅓
- סרית ןלימע ףכ 1
- םימ סוכ ¾
- הנירגרמ וא האמח תופכ 2
- לינו תיפכ 1
- 4 תוננב 4 ,םיסגא 4 ,םיחופת
- ןוברוב סוכ ¼
- ןומיל ץימ תויפכ 4-ו ןומיל תפילק

.הייפא תקבאו רכוס ,חמק דחי םיפנמ

םהש דע קר םישביה םירמוחה תא םיבברעמ ;לינוו האמח ,םימ ,הציב םיבברעמ .םיבברעתמ

.םידדצה ינשמ הבהזהל דע םינגטמו םח ןמשל םידירומ ;הלילבב תוריפ תסורפ םילבוט

רוטב לימון-בורבון: מערבבים סוכר ועמילן תירס בסיר קטן; מערבבים פנימה מים. מבשלים תוך כדי ערבוב מתמיד עד שהתערובת רותחת ומסמיכה. מערבבים פנימה חמאה. מוסיפים בורבון, קליפת לימון ומיץ; לערבב היטב.

41.תוינופצ לגרמ יחופת תוביבל

תונמ 15 :האושת

ביִכְרַמ

- בוהצ סרית חמק סוכ $\frac{3}{4}$
- הרטמ לכל חמק סוכ $\frac{1}{2}$
- הייפא תקבא תופכ 2
- רכוס תופכ 6
- חלמ טרוק 1
- 1 הציב
- בלח סוכ $\frac{1}{2}$
- ןוגיטל יחמצ ןמש סוכ $1\frac{1}{2}$
- ךולק, Northern Spy לש חופת 1
- יחמצ ןמש תופכ 2
- טושיקל רוטידנוק רכוס

םירוטידנוקה רכוסל טרפ םישביה םירמוחה לכ תא םיבברעמ

.תופסוה ןיב בוברע דות ,הז רחא הזב (ןמש תוסוכ $1\frac{1}{2}$ טעמל) םיילזונ םיביכרמ םיפיסומ .תוקד 10 תבשל הלילבל םינתונ .חופת המינפ םיבברעמ

הלילבה תא םיקרוז .ןושיעה תדוקנל דע שממ אל ,ךפצפתמ אוהש דע ןמשה תא םיממחמ .הביהזמ איהשכ ריינ תבגמ לע םיאיצומו ןמשל

.םישיגמו םירוטידנוק רכוס םירזפמ

42.סננא הננב תוביבל

תחא הנמ :האושת

ביִכְּרַמ

- הרטמ לכל חמק סוכ 1⅓
- הלופכ הייפא תקבא תיפכ 1½
- ןערוגמ רכוס תופכ 3
- ןוחט ר'גני'ג תיפכ 1
- טוחס ;ץוצק ירט סננא סוכ ¾
- הצוצק הננב סוכ ¾
- בלח סוכ ½
- תולק הכומ ;הלודג 1 הציב
- קומע ןוגיטל יחמצ ןמש
- תא קבאל םירוטידנוק רכוס

.חלמ טרוקו ר'גני'גה ,רכוסה ,הייפאה תקבא ,חמקה תא דחי םיפנמ

חמקה תבורעת תא םיפיסומ ,הציבהו בלחה ,הננבה ,סננאה תא בטיה םיבברעמ הרעקב .תדחאתמ איהש דע הלילבה תא םיבברעמו

,ןתוא םיכפוה ,תוביבלה תא םינגטמו תוצובקב ןמשה דותל ךפשב הלילבה תא םיקרוז .תוביהזמ ןהש דע וא ,תוקד ½ 1 דע 1 ךשמב

לש רכוסה תא ןהילעמ םיפנמו זוקינל גפוס רײנל תררוחמ ףכ םע תוביבלה תא םיריבעמ .םירוטידנוקה

43.תומולע םיסגא תוביבל

תחא הנמ :האושת

ביִכְּרַמ

- האמח תויגוע
- יחמצ ןמש
- קובקב תאיצי 1
- םימ סוכ 1
- ןומניק לקמ 1
- תומלש ןרופיצ 3
- טקסומ זוגא תיפכ $\frac{1}{2}$
- סיימ ץוצמק 1
- ףלוקמ ;םיסגא 4

ולע םיסגאהש דע םיחיתרמ .םיסגא םיפיסומ החיתרל םיאיבמו ריסב םירמוחה תא םיחינמ .תוקד 20 דע 15 טעמ

םיאיבמו ריסל םיריזחמ ,םילזונה תא םיננסמו םיסגאה תא םיאיצומ ,תוררקתה רחאל תא םיאיצומ ,םיעברל םיסגאה תא םיכתוח .שאהמ םיריסמו יצחב םימצמצמ .החיתרל .םיניערגה

-$\frac{1}{8}$ לש יבועב ותוא גישהל רשפא דוע לכו םיסגאה בחורמ םיינש יפ קצבה תא םידדרמ לגלג תרזעב םיכתוחו לועמ קצבה תא םילפקמ ,קצבה לע םיסגאה תא םיחינמ .'ץניא $\frac{1}{4}$ דע .םיסגאבו קצבב םישמתשמ דע הלועפה לע םירזוח .הפאמ

44. סור ןבדבוד תוביבל

תונמ 6 :הקופת

ביכּרמַ

- הרטמ לכל חמק סוכ ½
- רוטידנוק רכוס תופכ 2
- חלמ תיפכ ¼
- וליק 1 םילועבג םע םינבדבוד
- רכוס תקבא
- דרפומ ;םיציב 2
- םור תופכ 2
- הריהבמ האמח סוכ ½
- יחמצ ןמש סוכ ½

חלמו םור ,רוטידנוק רכוס 'ט 2 ,םינומלחה ,חמקה תא דחי םיבברעמ תינוניב הרעקב
.םייתעש דע העש דומעל םיחינמו םיסכמ .הקלח הלילב תריציל

.הלילבה ךותל םתוא םילפקמו םישקונ םהש דע םינובלחה תא םיפיצקמ

םיכימנמ זאו ,סויזלצ תולעמ 360-ל הלודג תבחמב יחמצה ןמשהו האמחה תא םיממחמ
.הכומנל שאה תא

םחה ןמשב םתוא םידימעמו הלילבב םינבדבודה תא םילבוט

םיביהזמ םהש דע וא ,תוקד 3 ךשמב םינגטמ

.םישיגמו רוטידנוקה רכוסב םתוא םילבוט .םינבדבודה תא םיאיצומ

45. לביבות שפמנון

תונמ 8 :הקופת

ביכרמ

- הרטמ לכל ,חמק סוכ 1½
- לפלפו חלמ תיפכ 1
- תוינוניב םיציב 2
- ררוקמ ,סמנ ;חלמ אלל ,האמח תופכ 3
- םלש ,בלח סוכ 1
- דנואפ ½ חלמ הלקב גד
- םיערז ;םח ,לפלפ לכ 1
- קד ץוצק ;קורי לצב לכ 2
- שותָכ ;םוש יניש לכ 1
- ץוצק ;היליזורטפ ףכ 1
- ןימיט תיפכ ½
- המדא ,עקרק ;ילגנא לפלפ ירב לכ 1

םיפיסומ .חמקה תבורעתל םיפיסומו האמח םע םיציב םיפרוט .הרעקל חלמו חמק םיפנמ .ידמ השקונ הלילבה םא בלח דוע םיפיסומ .בברעל ידכ קר בוברע ידכ ךות ,הגרדהב בלח

ףירח לפלפ םע שתכמב םיגד םינחוט

.םעטה יפל רוחש לפלפו ילגנא לפלפ ,ןימיט ,היליזורטפ ,םוש ,קורי לצב םיפיסומ הלילבה ךותל םיבברעמ

.הבהזהל דע תופכ תמרעהב תבורעתה תא םינגטמו ןמש םיממחמ

46.הלקב גד תוביבל

תוביבל 14 :הקופת

ביִכְּרַמ

- דנואפ $\frac{1}{2}$ ררוגמו לשובמ ,שבוימ חלמ הלקב
- קומע ןמשב ןוגיטל יחמצ ןמש
- הרטמ לכל הפונמ אל חמק סוכ $1\frac{1}{2}$
- הייפא תקבא תיפכ $\frac{1}{2}$
- סורג רוחש לפלפ תיפכ $\frac{1}{2}$
- חלמ תיפכ $\frac{1}{4}$
- םילודג הציב ינובלח 2
- תושותכ ,םוש יניש 2
- םיצוצק םיירט הרבסוכ ילע תופכ 2

.חלמו סורג רוחש לפלפ ,הייפא תקבא ,חמק םיבברעמ הלודג הרעקב

םימו םיפורט םינובלח םיפיסומ-ףצק תלבקל דע םינובלחה םיפיצקמ הנטק הרעקב ;םיצוצק םיירט הרבסוכ ילעו םוש ,ררוגמ חלמ דוק ףסוה .הלילב תריציל חמקה תבורעתל .הדיחא תבורעת תלבקל דע םיבברעמ

.תוקד 12 םינגטמו םח ןמשל הלילבהמ השודג ףכ םידירומ ,תוצובקב

.הרבסוכ םע טשקל ;השגה תחלצ לע םח םישיגמו גפוס רייָנ לע םיננסמ

47. לביבות בשר דגים וסרטנים

תחא הנמ :האושת

ביִכְּרַמ

- אופק וא ירט הלקב תויקנוא 12
- תויקנוא 6 םינטרס רשב יוקיח
- 2 הָכּוּמ ;םיציב
- חמק סוכ 1/2
- קד ץוצק ;קורי לצב 1
- קד תררוגמ ןומיל תפילק תיפכ $\frac{1}{2}$
- ןומיל ץימ תיפכ 1
- שׁוּתָכּ ;םוש יניש 1
- חלמ תיפכ $\frac{1}{4}$
- לפלפ תיפכ $\frac{1}{2}$
- לושיב ןמש

תפילק ,לצב ,חמק ,םיציב ,גד ןטרס םיבברעמ ,ןוזמ דבעמ תרעקב וא רדנלב לכימב .קלח םקרמ תלבקל דע םיבברעמו םיסכמ .לפלפו חלמ ,םוש ,ןומיל ץימ ,ןומיל

םיממחמו תבחמ תולק םינמשמ

רטמיטנס 3 רטוקב הציצקל םיחרומו תבחמה לע הלילב סוכ עברכ םיחרומ

הבהזהל דע וא דצ לכל תוקד 3 םילשבמ

48. סריתו דוק פייק תופדצ

תחא הנמ :האושת

ביִכִּרְמַ

- 2 בטיה תופורט םיציב
- הפדצ לזונ סוכ $\frac{1}{4}$
- בלח סוכ $\frac{1}{4}$
- ןמש ףכ 1
- חמק סוכ $1\frac{1}{2}$
- הייפא תקבא תיפכ 1
- המיעטל חלמ
- בטיה טוחס ןיערג סרית סוכ 1
- בטיה תוטוחס תונוחט תופדצ סוכ $\frac{1}{2}$

.הדיחא תבורעת תלבקל דע םיפיצקמו ןמש ,הפדצ לזונ ,בלח םיפיסומ ;םיציב םיפרוט

תבורעת תלבקל דע םיפיצקמ .םעטה יפל חלמו הייפא תקבא ,חמק המינפ םיבברעמ םילשבמ .םח ןמש ךותל בטיה תולגועמ תופכ ידי לע קורז .תופדצו סרית םיפיסומ .הדיחא .גפוס רייִנ לע םיננסמ .םידדצה ינשמ המחשהל דע

49.תויכנוק תוביבל

תונמ 50 :האושת

ביִכּרַמ

- וליק 2 קד הצוצק ,הייכנוק
- םייל ץימ סוכ 1
- תיז ןמש סוכ ¼
- קורי לפלפ 1
- םודא לפלפ 1
- קד ץוצק לודג לצב 1
- 4 תופורט םיציב
- חמק תוסוכ 2
- חלמ תיפכ 1
- ןו'גייק לובית תיפכ 1
- תורוק 6 וקסבט בטור
- הייפא תקבא תויפכ 3
- תסמומ ,הנירגרמ תופכ 5
- ןוגיטל יחמצ ןמש

עברו םייל ץימ סוכ 1-ב הייכנוקה תא ועירכה .דכרמל הייכנוק סינכהל םיגדה קושמ שקב .זקנל ;תוחפל תוקד 30 ךשמל תיז ןמש סוכ

.תוקד 5-3-כ ,הבהזהל דע םח יחמצ ןמשב םינגטמ .דחי םירמוחה לכ תא םיבברעמ
.רטרט בטור וא םודא לייטקוק בטור םע םישיגמ

50.תורמושמ הפדצ תוביבל

תונמ 12 :הקופת

ביכרמ

- בטיה הכומ ;1 הציב
- חלמ תיפכ ½
- רוחש לפלפ תיפכ ⅛
- ןבל הטיח חמק סוכ⅔
- הייפא תקבא תיפכ 1
- בלח וא רמושמ הפדצ קרמ סוכ ¼
- סֻמוּם ;האמח ףכ 1
- טוחס ;תונוחט תורמושמ תופדצ סוכ 1
- הריהבמ האמח וא ןמש
- טרוגוי וא הצומח תנמש סוכ ¼
- ןימיט וא ןוגרט ;רימש תיפכ 1

תופכ 2 קורז .ןורחא תופדצה תא םיפיסומ ,דחי םירמוחה לכ תא תונידעב םיבברעמ .לזרב תבחמ וא המח תנמושמ םיספ תבחמ לע הביבל לכל תושודג

.תוביבלה תא םיכפוה ,תורבשנ תועוב רשאכ

.רטרט בטור וא טרוגוי ,לובית יבשע הצומח תנמש ףכ םע םח םישיגמ

51.ודקובאו םינטרס תוביבל

תונמ 4 :הקופת

ביכּרַמ

- דנואפ 2 םינטרס רשב
- חלמ
- תויבוקל דותח קורי לצב סוכ 1
- םישבי םחל ירוריפ סוכ ¼
- דותחו ףולק ,ינוניב ודקובא 1
- קומע ןוגיטל סרית ןמש
- הרטמ לכל חמק
- קד סורפ קורי לצב
- םיציב 2
- הפירח ילי'צ תסלס סוכ ½

חלמו הסלס ,םיציב םיבברעמ .הלודג הרעקב ודקובאו קורי לצב 'ג 1 ,ןטרס ובלש; 1½ לדוגב םירודכ תבורעתהמ םירצוי .םחל ירוריפ המינפ םיבברעמ .ןטרסל ףיסוהל ץניא'.

םירטמיטנס 3 לש קמועל דע הלודג תבחמל ןמש םיקצוי.

תולעמ 350-ל םיממחמ

דע םילשבמו (ףפוטצהל אל) תוצובקב ןמשל תוריהזב םיפיסומ .חמקב תוביבל קבא הבהזהל ,כ-2 תוקד לכל דצ.

םיטשקמ .ןכומ לכהש דע רונתב םח םירמושו ןכומ הלעל םיריבעמ .גפוס ריינ לע םיננסמ
דימ םישיגמו קורי לצב ירבשב

52. מינטרס תוביבל

תונמ 6 :הקופת

ביכּרַמ

- םינטרס תובנז סוכ 1
- ץוצק ,סוטניימיפ סוכ $\frac{1}{4}$
- ץוצק ,קורי לצב סוכ $\frac{1}{4}$
- חמק תוסוכ 2
- הייתשל הדוס תיפכ 1
- חלמ תיפכ $\frac{1}{2}$
- חיתרהל ילזונ ןטרס תיפכ $\frac{1}{2}$
- םימ וא קרמ סוכ $\frac{1}{2}$
- וגיטל ןמש

םיפיסומו חלמו הייתשל הדוס ,חמק דחי םיפנמ .םינטרסל קורי לצבו סוטניימיפ םיפיסומ חונל םינתונו םיסכמ .הכימס הלילב תלבקל םיבברעמו םימ וא קרמ םיפיסומ .םינטרסל .העש יצח

הבהזהל דע םינגטמו ךבב הלילבה תא םידירומ

53. לביבות צדפה

תונמ 4 :הקופת

ביִכְּרַמ

- תופדצ רטיל 1
- הייפא תקבא ףכ 1
- חלמ תיפכ $1\frac{1}{2}$
- בלח סוכ 1
- האמח ףכ 1
- הרטמ לכל ,חמק סוכ $1\frac{3}{4}$
- הצוצק ,היליזורטפ תיפכ 1
- 2 הפורט ,םיציב
- ררוגמ ,לצב תויפכ 2

םע םיבברעמ .תופדצו האמח ,לצב ,בלח ,םיציב םיבברעמ .םישבי םירמוח םיבברעמ םירמוחה םישביה םיבברעמו דע תלבקל םקרמ קלח. םידירומ תא הלילבה תרזעב תיפכ .הבהזהל דע וא ,תוקד 3 ךשמב םינגטמו סויזלצ תולעמ 350-ב םח רוציק ךותל

.גפוס ריינ לע םיננסמ

54. לביבות שרימפס תירס אינדונזי

תונמ 6 :הקופת

ביכְּרַמ

- 3 סג תוצוצקו תודרוגמ סרית תוציצק
- וליק יצח ,קרופמו ףולק ינוניב ספמירש
- ץוצק םוש תיפכ 1
- קורי לצב :וא קד םיצוצק טולאש ילצב סוכ ½
- הנוחט הרבסוכ תיפכ 1
- ןוחט ןומכ תיפכ ¼
- תופכ 2 םיצוצק הרבסוכ ילע
- תופכ 2 חמק
- חלמ תיפכ 1
- הפורט ,םיציב 2
- תבחמב ןוגיטל יחמצ וא םינטוב ןמש
- הליבטל ילי'צ בטור

ילע ,ןומכ ,הנוחט הרבסוכ ,קורי לצב ,םוש ,ספמירש ,סרית םיבלשמ הלודג הרעקב .ההובג-תינוניב שא לע תבחמב ןמש לש הקד הבכש םיממחמ .םיציבו חלמ ,חמק ,הרבסוכ לש רטמיטנס יצח םע תבחמל םיאתיש המכ ףסוה .תינבתל סרית תבורעת סוכ ¼ םיקצוי .תוביבלה ןיב חוורמ

רייג לע םינמסמו םיאיצומ .דצ לכמ הקדכ םילשבמ .תונפל ;הכירפו הבהזהל דע םינגטמ .תוביבלה ראש ןוגיט ןמזב םוח לע םירמוש .גפוס

55. תויקלטיא יטגפס תעלד תוביבל

תונמ 4 :הקופת

ביִכְרַמ

- 2 םיציב
- הזר הקלח הטוקיר תניבג סוכ $\frac{1}{2}$
- תדרוגמ ןזמרפ תניבג היקנוא 1
- חמק תופכ 3
- הייפא תקבא תיפכ $\frac{1}{2}$
- ןמש .תוקרי תויפכ 2
- םוש תקבא תיפכ $\frac{1}{8}$
- שבוימ ונגרוא תיפכ $\frac{1}{2}$
- שבוימ םוקיליזב תיפכ $\frac{1}{4}$
- םינוחט לצב יתיתפ ףכ 1
- לשובמ יטגפס תוסוכ 2

תבורעת תלבקל דע םיבברעמ .יטגפסה דבלמ ,םירמוחה לכ תא םיבברעמ רדנלבה לכימב יטגפס םיפיסומ .הקלח

.באפב ססורמ םיספ תבחמ לע וא שארמ תממוחש ןולפט תבחמ לע תבורעתה תא םיקצוי .תוריהזב םיכפוה ,םידדצה ינשמ המחשהל דע תינוניב שא לע םילשבמ

תיפכ $\frac{1}{8}$,שבוימ ונגרוא תיפכ $\frac{1}{4}$,דחא **8 oz** תספוקב דחא תוינבגע בטור ובלש :בטור עבעבמו םח אוהש דע םיממחמ .ןטק ריסב שבוימ םוקיליזב תיפכ $\frac{1}{4}$,םוש תקבא

תוביבל לעמ םישיגמ.

56.רטסבול תוביבל

תחא הנמ :האושת

ביִכְּרַמ

- ץוצק רטסבול סוכ 1
- םיציב 2
- בלח סוכ $\frac{1}{2}$
- חמק סוכ $\frac{1}{4}$
- היפא תקבא תויפכ 2
- םעטה יפל לפלפו חלמ

ןמושהש ןמזב .תוינש םישיש ךות המיחשמ םחל תייבוקש דע קומע ןמוש םיממחמ חלמ ,הייפא תקבא םע הפונמ חמקו בלח םיפיסומ .הראהל דע םיציב םיפיצקמ ,םמחתמ .ץוצק רטסבול המינפ םילפקמ ןכמ רחאלו ,לפלפו

םישיגמ .םח רונתב סוח רייג לע םיננסמ .הבהזהל דע םינגטמ ,ןמושל הנטק ףכב םינגטמ .ריהמ ןומיל בטור םע

57.הסלס םע םילומ תוביבל

תונמ 4 :הקופת

ביִכְּרַמ

- 8 הפילקל ץוחמ ;הקורי הפילק םע םילומ
- תולק הכומ ;תולודג םיציב 6
- יגוז םרק רטילילימ 50
- םיגד תחשמ רטילילימ 10
- הטנלופ תופכ 2
- דותח ;יביבא לצב םרג 50
- ףולק זאו לשובמ ; הרמוק םרג 400
- םיסורפו םיפולק ;ןטק םודא לצב 1
- ירט םייל ץימ רטילילימ 20
- 2 ו הרסוה הבילה ;ישאנ
- הלועמ תיתכ תיז ןמש רטילילימ 30

םאנ ,תנמשה ,םיציבה םע הרעקב םתוא םיבברעמ זאו םיעברל םילומה תא םיכתוח . הרמוקה תא המינפ םיבברעמ ףוסבל .יביבאה לצבהמ יצחו הטנלופ , הטלפ

דומעל םיחינמו ,םילצבה ראש ללוכ ,הסלסה תנכהל םירמוחה ראש לכ תא דחי םיבברעמ .תוקד 30 ךשמל

דע םילשבמ .תונטק 8 וא תולודג תוביבל 4 םיניכמ זאו ,ןמשב םישירבמו תבחמ םיממחמ .ינשה דצה תא םילשבמו םיכפוה זאו דחא דצמ הבהזהל

58. לביבות תמנון

תונמ 8 :הקופת

םיביכר:

- דחא לכ דנואפ 1 1/2 דרעב ןונמת 2
- חלמ תיפכ 1
- רטיל 2 םימ
- רטיל 2 חרק םע חרק ימ
- םינוחטו םיפולק ,םיינוניב םילצב 2
- הפורט ,םיציב 2
- דרוצה יפל רתוי וא חמק סוכ 1
- םעטה יפל לפלפו חלמ
- ןוגיטל ןמש

שא לע םילשבמ .תוריהמב םיחתור םיחלמומ םימ םע לודג סוקמוק דותל ןונמתה תא קורז
םע .חרק ימו חרקב האלמ הרעק דותל םיללוצו םיננסמ .תוקד 25-כ ההובג-תינוניב
.קד םיצוקו םיילגרה תא םיכתוח .לוגסה רועה תלועפ תא דרג הסג תשרבמ

ןונמת םיפיסומ .לפלפו חלמו חמק ,םיציב ,לצב דחי םיבברעמ הרעקב .םישארה תא קורזל
.'ץניא 3 - $2\frac{1}{2}$ לדוגב תוחוטש תוציצק תבורעתהמ םירצוי .בטיה םיבברעמו ,ץוצק
המחשהל דע ןונמתה תוביבל תא םינגטמו הלודג הדבכ תבחמב ןמש 'ץניא $\frac{1}{2}$-כ םיממחמ
.דימ םישיגמ .דצ לכמ בטיה

59.ספמירש תוביבל

תונמ 8 :הקופת

ביכרמ

- בלח סוכ ½
- חפות חמק סוכ ½
- ץוצק ;ימלוג ספמירש סוכ 1
- לשובמ זרוא סוכ 1
- 1 הציב
- ץוצק ;קורי לצב סוכ ½
- מעטה יפל לפלפו חלמ

םוחל םינגטמו םח לושיב ןמש דותל תיפכ יפל םיקרוז .דחי םירמוחה לכ תא םיבברעמ הנושאר הנמכ שיגהלו ןטק ןיכהל .בוהז.

60. תופדצ סרית תוביבל

תחא הנמ :האושת

ביכרמ

- סרית תסיע תוסוכ 2
- תודרפומ ,םיציב 2
- לפלפ תיפכ $\frac{1}{4}$
- חמק תופכ 2
- חלמ תיפכ $\frac{1}{2}$

,םיפורטה םינומלחה תא םיפיסומ סריתה תסיעל .ירט וא רמושמ סריתב שמתשהל ןתינ .םיבברעמו תושק םיפורטה םינובלחה תא םיפיסומ .לוביתהו חמקה

.םימיחשמו המח המח תבחמ לע הפדצ לש לדוגב ךפ יפל םידירומ

61. לביבות טונה

תונמ 3 :האושת

ביִכָרְמַ

- חמק סוכ 1
- הייפא תקבא תיפכ 1
- חלמ תיפכ ½
- םיציב 2
- בלח סוכ ¼
- ףלקתמו ןקורמ ,הנוט תספוק 1
- לדוג .תויקנוא 7 וא 6 1/2
- םישבוימ לצב יתיתפ
- ןוגיטל ןמש

.בלח םיפיצקמ .םיציבה תא בטיה םיפרוט .חלמו הייפא תקבא ,חמק רסקימ תרעקל םיפנמ .םישבי םיביכרמ םע םיילזונ םיביכרמ םיבברעמ

,סח ןמשל תיפכב הפיט .הנוטה תא המינפ םיבברעמ .בטרנ חמקה לכש דע םיבברעמ .גפוס רייינ לע םיננסמ .םידדצה לכמ הבהזהל דע םינגטמ .תולעמ 375

62. לביבות עוף

תונמ 6 :הקופת

ביכִּרְמַ

- 20 הנכה ןמז תוקד
- לשובמ קד ץוצק ;ףוע תוסוכ 2
- חלמ תיפכ 1
- הנוחט היירט היליזורטפ תויפכ 2
- ןומיל ץימ ףכ 1
- שבי לדרח סוכ 1
- ןבל ןיי ץמוח סוכ 1
- 2 לושיב ןמז תוכמ תוקד ;הציב
- חמק סוכ ¼
- היפא תקבא תויפכ 2
- בלח סוכ⅔
- שבד סוכ ¾
- חלמ תיפכ ¼

.תוקד 15 ךשמל דצב םיחינמ .ןומיל ץימו היליזורטפ ,חלמ םע ףוע קורזל ,הלודג הרעקב גזמתהל ידכ םיבברעמ .בלחו הציב ,הייפא תקבא ,חמק םיבברעמ תפסונ הלודג הרעקב .בטיה

.בטיה םיבברעמו ףועל חמקה תבורעת תא םיפיסומ

2 דשמב סוחדל ילב תוצובקב םינגטמו םחה ןמשה דותל תופכ יפל הלילבה תא םיכפוש
.הליבטל שבד לדרח םע םישיגמו גפוס רייִנ לע םיננסמ .הבהזהל דע ,תוקד

שבד לדרח תוארוה ןכה

63.תונמנמש רקב תוביבל

תשואה: 5 מנות

מַרְכִּיב

- רוסטביף מבושל לא מתובל 2 פאונד
- 6 כפות חלב
- 1 כף קמח לכל מטרה לא מולבן
- 3 ביצים גדולות כל אחת, טרופה
- 1½ כוס קמח תופח
- 4 כפיות מלח
- ¼ כפית פלפל

מערבבים חלב וקמח; מערבבים לביצים. מערבבים קמח תופח, מלח ופלפל.

טובלים נתחי רוסטביף בתערובת הביצים ומטבלים בתערובת הקמח.

מטגנים בשומן עמוק חם עד להשחמה וחימום. מסננים על מגבות נייר סופג ומגישים חם.

64. לביבות ביצים עם שעועית ומקרוני

תונמ 6 :הקופת

ביכּרַמ

- דנואפ 1 תלשובמ ,תזורחמ תיעועש
- דנואפ ½ יטיז וא ינורקמ
- םעט אלל ,םחל ירוריפ סוכ ¾
- קד ץוצק ,םוש תיפכ ½
- הצוצק היליזורטפ
- הרנירמ בטור
- ררוגמ ,ןזמרפ תופכ 6
- 6 תופורט םיציב
- לפלפ חלמ
- ןוגיטל ןמש

בטיה םיבברעמ .םושו לפלפ ,חלמ ,היליזורטפ ,הניבג ,םחל ירוריפ םיציבל םיפיסומ תושקתהל הרומא הלילבהמ הפיט ,םח אוהשכ ,ינוניב הבוגל ןמש םיממחמ .הלילב תריציל .ףפוטצת אל .םעפ לכב תיפכ הלילבל םיסינכמ .חטשה ינפ לא ףוצלו

.בוהז םורק תורצונש דע ןתוא םיכפוה ,תוחופת תוביבלהשכ

.הלודג השגה תרעקב הרנירמ בטורו ינורקמ ,תיעועש םיבברעמ

65.תוירט תויקינקנו סרית תוביבל

תונמ 24 :הקופת

ביכִּרַמְ

- הפונמ ,הרטמ לכל חמק סוכ 1
- הייפא תקבא תיפכ 1
- חלמ תיפכ 1
- לפלפ תיפכ $\frac{1}{8}$
- הקירפפ תיפכ $\frac{1}{4}$
- ררופמו לשובמ ,קינקנ סוכ 1
- חלקהמ ירט סרית סוכ 1
- םיפורט ,םינומלח 2
- בלח תופכ 2
- השקונ הרוצב םיפורט ,הציב ינובלח 2
- ןוגיטל ןמש

םינומלח ,סרית ,קינקנ ךסוה .םינילבתו הייפא תקבא ,חמק רסקימ תרעקב דחי םיפנמ .תושק םיפורט םינובלח המינפ םילפקמ .הדיחא תבורעתל דע םיבברעמ ;בלחו

.תולעמ 365 - 360-ל םמוחש ןמש דותל תיפכ השודג ידי לע קורז

.גפוס רייג לע םיננסמ .םידדצה לכמ המחשהל םיכפוהו ,תוקד 5 דע 3 םילשבמ

66. תויקינקנ סרית תוביבל

םידכנ 6 :האושת

ביכְּרֲמ

- דרפומ ;םיציב 6
- וטניימיפ םע סרית תויקנוא 12
- תויקינקנ 6
- הרטמ לכל חמק סוכ $\frac{1}{2}$
- חלמ תיפכ $\frac{1}{2}$
- לושיב ירש ףכ 1

תויבוק תא ,סריתה תא םיפיסומ ;םיחופתו םיריהב םהש דע םינומלחה תא םיפיצקמ םהש דע םינובלחה תא םיפיצקמ .בטיה םיבברעמ .ירשהו חלמה ,חמקה ,תויקינקנה תא דבאל אל םידיפקמ ,תויקינקנה תבורעת ךותל םינובלחה תא םילפקמ .אישל םידמוע .ריוואה

סוכ $\frac{1}{4}$-כב שומיש ךות ,קייקנפ ומכ תולק תנמושמו המח םיספ תבחמ לע םינגטמ .םימח ,תחא תבב םישיגמ .הגוע לכל תבורעתהמ

67. תוינאירוק רשב תוביבל

תונמ 4 האושת

ביכִרַמ

- דנואפ 2 הטניס הצק קייטס
- ןוחט ,קורי לצב יפנע 3
- םושמוש ןמש תופכ 2
- םושמוש תויפכ 2
- היוס בטור סוכ ½
- הצוצק ,םוש ןש 1
- רוחש לפלפ טרוק 1
- םיציב 5

.העש ךשמל בטורב רשב םירשמו םיציב דבלמ םיביכרמה ראש לכ תא םיבברעמ

םישיגמ .המחשהל דע תינוניב שא לע םינגטמו ,טעמ הפורט הציבב םילבוטו רשב םיחמקמ .בטור םע םח

1 ץמוח תיפכ 1 םושמוש תיפכ 1 ץוצק קורי לצב תויפכ 1 היוס בטור תופכ 2 :בטור .דחי םירמוחה לכ תא םיבברעמ רכוס תיפכ

הניבג יגרפ

68. הלרצומו ןזמרפ תוביבל

תונמ 4 :הקופת

ביִכְּרַמ

- ץוצק ;םוש ןש 1
- דָרוּגמְ ;תורגוב תולרצומ 2
- הָכּוּמ ;הנטק הציב 1
- ירט םוקיליזב לש םילע טעמ
- דָרוּגמְ ;ןזמרפ םרג 70
- תופכ 2 ליגר חמק
- לפלפו חלמ

.הפורט הציבב םיבברעמו לוביתהו ןזמרפה ,םוקיליזבה ,םושה ,הלרצומה תא םיבברעמ .תוקד 30-כ ררקמב םיחינמו םיבצעמ ,חמק טעמ םיפיסומ

.ןוגיטה ינפל חמקב תולק םיפצמ

ןמזה ךשמב ררקמב החנ איהש רחאל תקצמתמ איה יכ ,ידמל הכר תויהל הכירצ תבורעתה תורק ויהיו ץוחבמ ופרשיי תוביבלה תרחא ידמ םח תויהל ךירצ אל תבחמב ןמשה .שרדנה .עצמאב

69. לביבות גבינת באזל

תחא הנמ :האושת

ביכִּרַמ

- םחל תוסורפ 4
- האמח היקנוא 1
- םילצב 3
- רייורג תוסורפ 4
- הקירפפ

םימ םיקצוי .הייפא רייני םע תינבת לע םירדסמו האמחב םידדצה ינשמ תולק םחל םינגטמ האמחה תויראשב לצב םינגטמו ,םימ םיכפוש .עגרל םיריאשמו קד ץוצק לצב לע םיחתור .דוכירל דע

.הניבג תסורפב הסורפ לכ םיסכמו םחלה לע קד לצב םיחרומ

הניבגהש דע (8 זג ןמיס/F תולעמ 445) דואמ םח רונתב םיפואו הקירפפ םירזפמ .תחא תבב םישיגמ .הסמנ

70. שמשמ טרוגוי לבטמ םע לובית יבשע תוביבל

תונמ 6 :הקופת

ביִכְּרַמ

- 3 תולק הכומ ;םיציב
- דָרְוּגְמְ ;הלרצומ םרג 150
- ררוגמ ירט ןזמרפ םרג 85
- םיירט םחל ירוריפ םרג 125
- קד ץוצק ;םודא לצב $\frac{1}{2}$
- םודא ילי'צ יתיתפ תיפכ $\frac{1}{4}$
- ירט ןרוימ תופכ 2
- סג הצוצק תיריע תופכ 2
- םיצוצק םיחוטש םילע היליזורטפ תופכ 5
- סג ץוצק ;טקור ילע ןפוח 1
- ץוצק ;דרת יבייב ילע ןפוח 1
- תוינמח ןמשו לפלפו חלמ
- םרג 500 תיגיג ינווי טרוגוי
- 12 תוקד תויבוקל דותח ;הליכאל םינכומ םישבוימ םישמשמ
- הצוצק היירט ענענו םוש יניש 2

הקצומו הכימס תבורעת תלבקל דע ,האמחהו ןמשה דבלמ ,תוביבלה ירמוח תא םיבברעמ .םיחל םא םחל ירוריפ םע םירשוק .ידמל

,תבחמל מ"ס 1 לדוגב ןמש םיקצוי .שומישה ינפל שממ בטורה יביכרמ תא םיבברעמ .לפרועמש דע םיממחמו האמחה תא םיפיסומ

2-3 ןמשב םינגטמ .התוא סוחדל ידכ דיב הקזוחב ךחל ,הספילא תרוצב תוביבל בצע .תוכירפל דע תוקד

71. לביבות גבינת ברן

תחא הנמ :האושת

ביִכְּרַמ

- תויקנוא 8 תדרוגמ רייורג תניבג
- םיציב 2
- בלח ילזונ םרג $2\frac{1}{2}$
- שריק תיפכ 1
- ןוגיטל ןמוש
- םחל תוסורפ 6

,םיפורט םינובלח המינפ םילפקמ .שריקהו בלחה ,םינומלחה םע תררוגמ הניבג םיבברעמ .םחלה לע תבורעתה תא םיחרומו

םח ןמושב ,הטמ יפלכ הניבגה םע ,םחל םיחינמו הלודג תבחמב ןמוש םיממחמ

.ינשה דצהמ תורצק םינגטמו םיכפוה ,תובוהזל תוכפוה תוסורפה רשאכ

72. לביבות שעועית, תירס וצ'דר

תונמ 5 :האושת

ביִכְרַמ

- בוהצ סרית חמק סוכ ½
- ןבלומ אל ןבל חמק סוכ ½
- הייפא תקבא תיפכ ½
- ילי'צ תקבאו חלמ ,ןייאק ,ןומכ ןוחט ףקמ
- בלח סוכ ½
- םינובלח 2-ו הציב ןומלח 1
- לָשׁוּבמְ ;הרוחש תיעועש סוכ 1
- הדח רד'צ תניבג סוכ 1
- םיאופק סרית יניערג וא ;ירט סרית סוכ ½
- ירט ןוחט ;הרבסוכ תופכ 2
- םייולק ,קורי ילי'צ לפלפו םודא לפלפ

ןומכה ,ילי'צה תקבא ,חלמה ,הייפאה תקבא ,חמקה ,סריתה חמק תא דחי םיבברעמ .תינוניב הרעקב ןייאקהו

.בטיה םיבברעמ ,םישביה םיביכרמל ותוא םיפיסומו ,ןומלחה םע בלחה תא םיפיצקמ .קוריה ילי'צהו םודאה לפלפה ,הרבסוכה ,סריתה ,הניבגה ,תיעועשה תא המינפ םיבברעמ .םינובלחה תא תונידעב המינפ םילפקמ

סוכ ¼-כ המינפ ךפ .ההובג-תינוניב שא לע 'ץניא 10 תבחמב ןמשה סוכ ½ תא םיממחמ .הבהזהל דע םינגטמו הביבל לכל הלילב

73.יטגפסו הלרצומ תוביבל

תונמ 2 :האושת

ביִכְרַמ

- םוש ינש 2
- טלס םילצב 3-ו היירט היליזורטפ ןטק רורצ 1
- הזר ןוחט ריזח רשב םרג 225
- תנשועמ הלרצומו ירט תררוגמ ןזמרפ
- הלטאילט וא יטגפס םרג 150
- םח רקב ריצ רטילילימ 100
- תוצוצק תוינבגע תיחפ םרג 400
- היוס בטור תצקו רכוס טרוק 1
- לפלפו חלמ
- תיז ןמש ףכו הציב 1
- בלח רטילילימ 75
- קבא יוקינל תפסות ,ףסונב ;ליגר חמק םרג 50

.לפלפו חלמ הברהו היליזורטפה ,ןזמרפה ,םושה ,טלסה לצב ,םושה תא דחי םיבברעמ .תוציצקה תא םילשבמו הלודג תבחמב ןמשה תא םיממחמ .םיביצי םירודכ הנומש םירצוי .ריצה תא המינפ םיקצוי

תוציצקה דותל םיפיסומו לפלפהו חלמה ,רכוסה ,תוצוצקה תוינבגעה תא םילשבמ

.הקלחו הכימס הלילב תלבקל ןומלחה דותל חלמ טעמו חמקה ,בלחה ,ןמשה תא םיפרוט םילפקמו םינומלח םיפיסומ .חמקה תא המינפ םירדפמ זאו ,הלרצומה תא קד םיסרופ .םיפצקומ םינובלח המינפ

םהש דע דצ לכמ תוקד יתש םילשבמו הלילבב תוחמוקמה הלרצומה תוסורפ תא םילבוט .םיבוהזו םיכירפ

74. לטנמא הניבג תוביבל

מדא 1 :האושת

ביִכְּרַמ

- הלודג םחל תסורפ 1
- ריזח רשב סורפ 1
- האמח ףכ 1
- לטנמא תניבג סורפ 1
- לפלפ חלמ
- 1 הציב

הניבגב םיסכמ ,םחל לע םיחינמ ,רצק רשבה תא םינגטמ .םחלה תא תולק םילוק יבג לע הסוכמ תבחמב וא ,סמיהל הניבגל םיחינמו ידמל םח רונתל םיסינכמ .םילבתמו .תנגוטמ הציב םע הניבג לעמ ןורחאה עגרב .םייריכה

75.סרית חמקמ רד'צ תוביבל

תחא הנמ :האושת

ביכרמ

- סרית חמק סוכ 1
- ררוגמ דח רד'צ סוכ 1
- דרוגמ לצב סוכ ½
- ןוחט םודא לפלפ סוכ ¼
- חלמ תיפכ 1
- םעטה יפל ,ןייאק
- םיחתור םימ סוכ ¾
- ןוגיטל יחמצ ןמש
- לטסירק גתומ לשמל ,הנאיזיאול ןונגסב ףירח בטור

ןייאקו חלמ ,לפלפ ,לצב ,רד'צ ,סרית חמק םיבברעמ הרעקב.

קומע ןוגיטב וא הדבכ הקומע תבחמב .בטיה םיבברעמו םיחתור םימ המינפ םיבברעמ ןמשה ךותל הלילבהמ תופכ 6 קורז .350 F-ל יחמצ ןמש לש םירטמיטנס 3 םיממחמ הבהזהל דע וא תוקד 2-3 ךשמב םינגטמו.

76.רבממק תוביבל

תונמ 10 :האושת

ביִכְּרַמ

- הנירגרמ/האמח תופכ 3
- הרטמ לכל חמק תופכ 3
- בלח סוכ 1
- תויקנוא 4 רבממק תניבג
- המיעטל חלמ
- מעטה יפל ןייאק לפלפ
- הלודג 1 הציב
- הנירגרמ/האמח ףכ 1
- םינידע םחל ירוריפ סוכ ½

תא םיפיסומ .חמקה תא תוריהמב םיבברעמ .םוֹח .םע לעמ דבכ ריסב האמחה תא םיסימממ בטורל הניבגה תא םיפיסומ ,החיתרל םיאיבמ .ידוסי בוברע ךות ,הגרדהב בלחה .מעטה יפל ןייאק לפלפו חלמ םיפיסומ .הסמנ איהש דע םיבברעמו

הניבגה תבורעת תא םיכתוח .הייפא תינבת לע 'ץניא ¾ לש יבועב תבורעתה תא םיחרומ .םיעובירל

םילבוט זאו ,םחלה ירוריפב הניבגה תוכיתח תא םילגלגמ .םימה םע םיציבה תא םיפרוט םירוריפה לכ תא םירענמו ,םירוריפב בוש םתוא םילגלגמ .םיציבה תבורעתב םתוא .םיפדועה

.םיביהזמ םהש דע קר םינגטמ .ןמשה ךותל םעפ לכב המכ הניבגה תוכיתח תא קורז

77.רד'צ-תיבורכ תוביבל

תונמ 24 :הקופת

ביכְּרַמ

- הרטמ לכל חמק סוכ $1\frac{1}{2}$
- היפא תקבא תויפכ 2
- חלמ תיפכ $\frac{1}{2}$
- תויבוקל הכותח תיבורכ תוסוכ 2
- תררוגמ רד'צ תניבג סוכ 1
- תויבוקל דותח לצב ףכ 1
- הלודג 1 הציב
- בלח סוכ 1
- יחמצ ןמש

הניבג ,תיבורכ המינפ םיבברעמ ;הלודג הרעקב םינושארה םיביכרמה 3 תא םיבברעמ לצבו.

ביטרהל דע קר הפירט ךות חמקה תבורעתל םיפיסומ .בלחו הציב דחי םיפרוט.

תולעמ 375-ל םיממחמ ;ידנלוה רונתל םירטמיטנס 2 לש קמועל יחמצ ןמש םיקצוי דע וא דצ לכמ תחא הקד םינגטמו ןמשה ךותל תלגועמ ףכב קצבה תא םידירומ .טייהנרפ דימ םישיגמו ,גפוס ריינ לע בטיה םיננסמ .תוביהזמ תוביבלהש.

78.הניבג תואלוממ המדא יחופת תוביבל

תונמ 5 :האושת

ביִכְרַמ

- םילשובמ ,המדא יחופת תייפא דנואפ 2
- תככורמ ,האמח סוכ⅓
- הציב ןומלח 5
- היליזורטפ תופכ 2
- חלמ תיפכ 1
- לפלפ תיפכ ½
- טקסומ זוגא טרוק
- תויקנוא 4 הלרצומ תניבג
- הרטמ לכל חמק
- תולק תופורט תולודג םיציב 2
- יקלטיא םחל ירוריפ סוכ יצח

רסקימב תינוניב תוריהמב םיפיצקמ ;הלודג בוברע תרעקב האמחו המדא יחופת םיבברעמ םיבברעמ ,םיאבה םיביכרמה 4 תאו םינומלחה םיפיסומ .קלח םקרמ תלבקל דע ילמשח תסורפ ביבס קלח לכ םיפטוע .תונמ 10-ל המדאה יחופת תבורעת תא םיקלחמ .בטיה .הספילאל בצעתמ ;הניבג

םירקמ .יקלטיא םחל ירוריפב םינחוטו הפורט הציבב םילבוט ;חמקב דחא לכ תולק קבא .תוקד 20

סינגטמ .תולעמ 340-ל םיממחמ ידנלוה רונתב םירטמיטנס 4 לש קמועל ןמש םיקצוי .תחא םעפ םיכפוה ,תוקד 8 ,םעפ לכב המכ תוביבל

79.רד'צו םיסגא תוביבל

תחא הנמ :האושת

ביִכְּרַמ

- ףלוקמ ;טלטרב יסגא םימוידמ 4
- תוסורפ 16 הדח רד'צ תניבג
- הרטמ לכל חמק סוכ ½
- גזמתהל ידכ הכומ ;תולודג םיציב 2
- םיירט םינבל םחל ירוריפ תוסוכ 2

.תוביל ךילשהל ;סגא לכ לש םידגונמ םידדצמ תוקד תויכנא תוסורפ 3 םיכתוח

תחא לכל םיסגא תוסורפ 3 ןיב הניבג תוסורפ 2 םיחינמ ,ןיגוריסל הניבגו םיסגא תוסורפ זאו ,חמקב תולק םיפצמ ,וידחי הקזוחב סגא-הניבג ךירכ לכ םיקיזחמ .תוביבל 8-מ .תוקבדיהל םירוריפ םיצחולו ןיטולחל םיפצמ ,םחל ירוריפ זאו ,םיציב

םילשבמ .350F-ל םיממחומו 'ץניא 1 לש קמועל דע הדבכו הלודג תבחמל ןמש םיקצוי םיננסמ .דצ לכל תוקד 2-כ ,תררוחמ ףכ תרזעב םיכפוה ,הבהזהל דע תוצובקב תוביבל .גפוס ריינ לע

80. םינומרעו הטוקיר תוביבל

תונמ 4 :הקופת

ביכִּרַמְ

- היירט הטוקיר סוכ 1
- תולודג םיציב 3
- ונאי'גר-ונא'גמרפ תניבג סוכ ½
- םינומרע חמק סוכ ¼
- קד םיצוצק םייולק םינומרע סוכ 1
- יבושנא הליפ תספוק 1
- קד ץוצק ;םוש יניש 6
- הלועמ תיתכ תיז ןמש סוכ ½
- חלמ אלל האמח תופכ 6
- רוהט תיז ןמש רטיל 1

ונאי'גר-ונא'גימרפ סוכ יצחו םיציב 2 ,הטוקירה תניבג תא םיחינמ הלודג בוברע תרעקב קלח קצב רצונש דע םינומרעה חמק תא המינפ םיבברעמ םיידיה תרזעב .בטיה םיבברעמו היגוע יומד

רודכ רוצו הטוקירה תבורעתמ הנטק תומכ חק .תרתונה הציבה תא םיפרוט הנטק הרעקב םיצרוח בוטר ודועבו הפורטה הציבב רודכה תא תוריהזב םיסכמ .'ץניא 2 לדוגב םיצוצק םינומרעב

ןטק ריסב תיז ןמש סוכ יצחו םושה ,םיצימה םע יבושנאה תא םיבברעמ םייתניב 1 האמחה תא המינפ םיבברעמ .הסיעל יבושנאה תא םיכעומ .תינוניב שא לע םיבברעמו הקלחו הסמהל דע םעפ לכב ףכ

הבהזהל דע םח ןמשב הטוקירה ירודכ תא םינגטמ

81.רייורג תניבג תוביבל

תחא הנמ :האושת

ביכּרמ

- 'קניא 1 3/8 יבועב תחא לכ ,טסוט תוסורפ 4
- ןבל ןיי תילזונ היקנוא 2½
- םרג 5½ תררוגמ ,רייורג תניבג
- 1 הציב
- הקירפפ
- לפלפ

םיבברעמ .הייפא רײנ םע תינבת לע םירדסמו ןייהמ טעמב טסוטה תוסורפ תא םיביטרמ טסוטה לע םיחרומו ידמל הכימס הסיעל םינילבתהו הציבה ,הניבגה םע ןייה תרתי תא ןמיס/טייהנרפ תולעמ 445) דואמ םח רונתב תורצק םיפוא .לפלפו הקירפפ דוע םירזפמ תבב םישיגמ ,סמיהל הליחתמ הניבגהש דע (8 זג תחא.

פריטי דגנים, אגוזים וזרעים

82.תוריהמ םוח זרוא תוביבל

תונמ 6 :הקופת

ביִכָּרְמַ

- לשובמ רצק םוח זרוא תוסוכ 2
- רכוס סוכ $\frac{1}{2}$
- 3 הָכּוּמ ;םיציב
- חלמ תיפכ $\frac{1}{2}$
- לינו תיפכ $\frac{1}{4}$
- חמק תופכ 6
- טקסומ זוגא תיפכ $\frac{1}{2}$
- הייפא תקבא תויפכ 3

.בטיה םיבברעמו טקסומ זוגאו לינו ,םיציב ,זרוא םיבברעמ

קומע ןמושל ףכב םיקרוז .זרואה תבורעתל םיבברעמו םישביה םירמוחה תא דחי םיפנמ
.המחשהל דע םינגטמו (360) םח

םישיגמו רכוס תקבא םירזפמ ,גפוס ריינ לע םיננסמ
םח

83._ רונת תוביבל

תונמ 4 :הקופת

ביכּרמַ

- אופק םרק ןונגסב קנע קורי תויקנוא 10
- קומע ןוגיטל סרית ןמש
- חמק סוכ $\frac{1}{2}$
- בוהצ סרית חמק סוכ $\frac{1}{2}$
- הייפא תקבא תיפכ 1
- ידיימ ןוחט לצב תיפכ 1
- חלמ תיפכ $\frac{1}{2}$
- 2 םיציב

.רישפהל ידכ תוקד 15 דע 10 ךשמל םימח םימב חתפנ אל סרית סיכ וחינה

הרעקב .תולעמ 375-ל ןמש 'קניא 3 דע 2 םיממחמ ,דבכ ריסב וא קומע ןמוש ןגטמב .הדיחא תבורעת תלבקל דע םיבברעמ ;םירמוחה ראשו רשפומ סרית םיבברעמ ,תינוניב

וא תוקד 3 דע 2 םינגטמ .תולעמ 375 ,םח ןמשל תויפכ סלפמ יפל הלילבה תא םידירומ גפוס רייָנ לע םיננסמ .הבהזהל דע

84. םייניע תורוחש הנופא תוביבל

תונמ 20 :האושת

ביִכְּרַמ

- דנואפ ½ גופס ,םייניע תרוחש הנופא
- תושותכ ,םוש יניש לכ 4
- חלמ תויפכ 2
- רוחש לפלפ תיפכ 1
- םימ תופכ 4
- ןוגיטל ןמש
- םעטה יפל םייל ץימ

.תופסונ תוקד 30 םירשמו תופילקה תא םיפשפשמ ,הככרתה הנופאה רשאכ

.םיפטושו םיננסמ

לפלפו חלמ ,םוש ,הנופא םידבעמ ןוזמ דבעמב

. דימסו קלח הריפ לבקל ידכ םימ קיפסמ ףסוה .דוביעה ךשמה ידכ ךות םימ םיפיסומ

םינגטמו םי'צניא 3 דע 2 לדוגב ןמש םיממחמ ,הלודג תבחמב .250F-ל רונת םיממחמ .וז הרוצב הנגוט הלילבה לכש דע הלועפה לע םירזוח .הבהזהל דע הלילבהמ תחא תיגיג .םייל ץימו חלמ םיקזוב ,טהול םישיגמ .םוח לע רומשל ידכ רונתב רומשל

85. זרוא תוביבל

תונמ 12 :הקופת

ביִכַּרַמְ

- םישבי םירמש הליבח 1
- תופכ 2 םימימח םימ
- רֶוֹקמְ ;לשובמ זרוא סוכ $1\frac{1}{2}$
- 3 הֶכּוּמ ;םיציב
- חמק סוכ $1\frac{1}{2}$
- רכוס סוכ $\frac{1}{2}$
- חלמ תיפכ $\frac{1}{2}$
- טקסומ זוגא תיפכ $\frac{1}{4}$
- קומע ןמשב ןוגיטל ןמוש
- רכוס תקבא

ךשמל םימח םוקמב דומעל םיחינמו זרוא םע םיבברעמ .םימימח םימב םירמש םיסיממ .טקסומ זוגאו חלמ ,רכוס ,חמק ,םיציב המינפ םיפרוט ,תרחמל .הלילה

וא תולעמ 370-ל ןמוש םיממחמ .הכימס הלילב תלבקל ךרוצה תדימב חמק דוע םיפיסומ ךכמ הלילבה תא םידירומ .תוינש 60 ךות המיחשמ 'ץניא 1 לדוגב םחל תייבוקש דע .תוקד 3-כ ,הבהזהל דע םינגטמו םחה ןמושה ךותל

םח שגה .רכוס תקבא םירזפמו גפוס רייג לע םיננסמ

86. סרית/תוינמכוא תוביבל

תונמ 6 :הקופת

ביִכְרַמ

- חמק סוכ⅔
- סרית ןלימע סוכ⅓
- רכוס תופכ 2
- הייפא תקבא תיפכ 1
- חלמ תיפכ ½
- ןוחט , טקסומ זוגא ףכ ¼
- בלח סוכ⅓
- 2 תודרפומ , הציב
- יחמצ ןמש
- תוינמכוא סוכ 1½
- רוטידנוק לש שבדו רכוס

.טקסומ זוגאו חלמ ,הייפא תקבא ,רכוס ,סרית ןלימע ,חמק דחי םיבברעמ ,תינוניב הרעקב

.חמקה תבורעתל םיקצוי .ןמשו םינומלח ,בלח דחי םיבברעמ ,תוסוכ 2 לש הדידמ סוכב .שירְפַהְל .תוינמכוא המינפ םיבברעמ .השקונ היהת הלילבה .בטיה םיבברעמ

תרזעב .תושקונ תוגספ םירצונש דע םינובלח םיפיצקמ ,הובג לע רסקימ םע הנטק הרעקב תלבקל דע הלילבה ךותל הציב ינובלח ףצקהמ יצח תא תונידעב םילפקמ ,ימוג תירמ ,הלילבל םיפורטה םינובלחה תרתי תא םילפקמ ןכמ רחאל .הדיחא תבורעת

3-4 םינגטמ .םח ןמשל ,םעפ לכב המכ ,ךכב תוביבלה תלילב תא תוריהזב םיפיסומ
.תוביהזמ תוביבלהש דע וא ,תחא םעפ םיכפוה ,תוקד

87. לבנרק תוביבל

תונמ 18 :הקופת

ביכִּרַמ

- םימח םימ סוכ 1
- חלמ אלל האמח תופכ 8
- רכוס ףכ 1
- חלמ תיפכ ½
- הפונמ ,הרטמ לכל חמק סוכ 1
- םיציב 4
- ירט תררוגמ זופת תפילק תיפכ 1
- ירט תררוגמ ןומיל תפילק תיפכ 1
- םינטוב ןמש תוסוכ 4
- רכוס תקבא

הסמנ האמחהשכ .החיתרל םיאיבמו ןטק ריסב חלמהו רכוסה ,האמחה ,םימה תא םיבברעמ הפרטמ םע ץרמב םיבברעמ .חמק םיפיסומ

.הפסוה לכ רחאל ףכב תצרמנ הפירט ידכ דות ,םעפ לכב תחא ,םיציבה תא םיפיסומ .תדרוגמה ןומילהו זופתה תפילק תא םיפיסומ

.סויזלצ תולעמ 300-ל םינטובה ןמש תא םיממחמ ,הקומע תבחמב

תוביבלהשכ .םעפ לכב 5 וא 4-מ רתוי אל ,םחה ןמשה דותל ףכב הלילבה תא םיקרוז רכוס םירזפמו גפוס ריינ לע םיננסמ ,תררוחמ ףכ תרזעב ןתוא םיריסמ ,תוחופתו תומוחש .םירוטידנוק

88.מיסגא תסלס םע וזנברג תוביבל

תחא הנמ :האושת

ביכרמ

- ןנוסמ ,לשובמ סוזנברג סוכ $1\frac{1}{2}$
- חלמ תיפכ 1
- 1 והדייאב ינוניב המדא חופת
- סג ררוגמ ,לצב ןטק 1
- חמק ףכ 1
- ףירח לפלפ בטור תויפכ 2
- 3 תולק םיפורט ,הציב ינובלח
- 2 תויקלטיא םיפיזש תוינבגע
- 2 תויבוקל םיכותחו םיערוגמ ,םיפלוקמ םיקצומ םיסגא
- ירט ןומיל ץימ ףכ 1
- לודג קורי לצב 6 ץוצק
- וינפל'ג לפלפ ףכ 1
- ירש ןיי ץמוח ףכ 1
- שבד תיפכ 1

.ףירחה לפלפה בטורו חמקה ,לצבה ,המדאה יחופת תא םיבברעמ תינוניב הרעקב
.םיבברעמו םינובלחו וזנברג ילופ םיפיסומ .תבורעתל בטיה םיבברעמ

שא לע םילשבמ .טשפתהל םוקמ ןהל םירשפאמו תבחמל הלילבהמ תולגועמ תופכ םיקרוז םיביהזמ םהש דע ההובג תינוניב

סגא יטסז הסלס םע םישיגמ

89. סוקסוק םע סומוח תוביבל

תחא הנמ :האושת

ביִכְּרַמ

- תויקנוא 7 לשובמ , סוקסוק
- ½ ןטק ןופפלמ
- 2 (תויבוקל דותח ,םיערז ,ףולק) ;םיפיזש תוינבגע
- םייל 1
- 6 זוזג ;םיקורי םילצב
- ףוטש טוחס סומוח (14 oz) תיחפ 1
- ½ ענענו הרבסוכ וא הרבסוכ תיפכ
- קד םיצוצק םיערז ;םודא ילי'צ 1
- םוש ןש 1
- קבא יוקינל ליגר חמק
- תויקנוא 5 FF טרוגוי
- ירט סורג לפלפו חלמ
- םעטה יפל ןומכ/ הקירפפ

קד םיצצוק .ץימה תא המינפ םיטחוסו םייל יצח .סוקסוקל היליזורטפ ,תוינבגע םיבברעמ
.סוקסוקל ביבא לצב

מוש ןש םיצוק .הרבסוכ/הרבסוכ ילעו ילי'צ ,הרבסוכ/הרבסוכ ,ןומכ םיפיסומ
םע םיפיסומ ענענ ץוצק טרוגוי המינפ םיבברעמו הרעקב ןופפלמ םיחינמ . םיפיסומו
בטיה םיבברעמ .לובית הברה

תבחמל םיפיסומ .חמקב תולק םירדפמו תוציצק 6-ל סומוחה תבורעת תא םיבצעמ
. תוקד המכ םילשבמו

90. םילפלפו סרית תוביבל

םיטירפ 12 :הקופת

ביִכְּרַמ

- אופק וא ירט ,םלש ןיערג ,סרית סוכ $1\frac{1}{4}$
- קד ץוצק ;םודא ,ףירח לפלפ סוכ 1
- קד ץוצק ;קורי לצב סוכ 1
- קד ןוחט ;יינפלח תיפכ 1
- ןוחט ןומכ תיפכ 1
- חמק סוכ $\frac{1}{4}$
- הייפא תקבא תויפכ 2
- םועטל ;חלמ
- םועטל ;רוחש ,לפלפ
- בלח סוכ 1
- ןמש תופכ 4

םירזפמ .ףירח לפלפו קורי לצב ,ץוצקה לפלפה םע דחי בוברע תרעקב סריתה תא םימש תא םיפיסומ .גזמתהל ידכ םיבברעמ ;לפלפהו חלמה ,הייפאה תקבא ,חמקה ,ןומכה תא .הדיחא תבורעתל םיבברעמו בלחה

תוקד 2-כ ,םידדצה ינשמ הבהזהל דע םינגטמו תבחמל תוסוכ $\frac{1}{4}$-ב הלילבה תא וסינכה .תחא לכ

91. הכונח תוביבל

תחא הנמ :האושת

ביִכְרַמ

- 2 םימח םימ תוליעפ תושבי תופטעמ ,םירמש
- חלמ 3 דע ןבלומ אל ;חמק סוכ יצחו 2
- סינא יערז תויפכ 2
- תופכ 2 תיז ןמש
- םיערז אלל ההכ ;םיקומיצ סוכ 1
- ןוגיטל תיז ןמש סוכ 1
- שבד סוכ $1\frac{1}{2}$
- ןומיל ץימ תופכ 2

2 תאו םיסמומה םירמשה תא הגרדהב םיפיסומ .סינא יערזו חלמ ,חמק הרעקב םיבברעמ יטסלאו קלח קצבהש דע שולל . תיזה ןמש תופכ

. רודכ בצעל .קצבה תא םהילע םישלו הדובעה חטשמ לע םיקומיצה תא םיחרומ

ינשמ הבהזהל דע ,םיכפוה ,םעפ לכב המכ םימולהיה תא םינגטמו ןמשה תא םיממחמ .םידדצה

לע םירדסמ .דבלב תוקד 3 םיחיתרמו ןומיל ץימ תופכ 2 םע ריסב שבדה תא םיממחמ .םחה שבדה תא םהילע םיקצויו השגה תחלצ

בלח ירצומ

92. דלוקוש תוסוכמ ןאקפ תוביבל

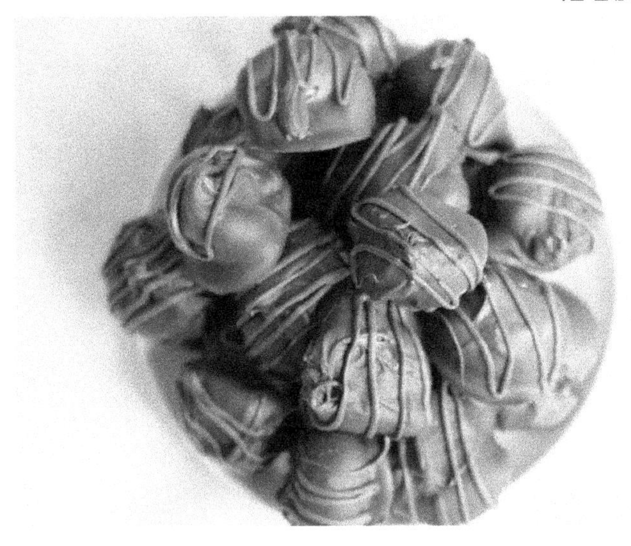

רסירת 4 :האושת

ביכִּרַמ

- ea. .תויקנוא 6 ;למרק לינו תוליבח 2
- יודיא ,בלח תופכ 2
- ןאקפ יאצח תוסוכ 2
- תויקנוא 8 םיעובירל רובש ;רבַ .בלח וקוש
- ⅓ תוכיתחל רבשנ ;ןיפרפ רב

בוברע דות סמנ למרקהש דע םיממחמ ;לופכ ריס לש ןוילעה קלחב בלחו למרק בלש לע תיפכ קורז .ןאקפ יזוגא המינפ םיבברעמ ;םרק תלבקל דע ץע ףכב םיפיצקמ .דימתמ .תוקד 15 דומעל תתל ;האמח םע הוועש רייג

דות ,הקלחו הסמהל דע םיממחמ ;לופכ ריס לש ןוילעה קלחב ןיפרפו דלוקוש םיבברעמ .םעפ ידמ בוברע

דלוקושה תבורעתב הביבל לכ םילבוט ,םסיק תרזעב

.וניצל הוועש רייג לע םיחינמ

93.סקו'צ תוביבל

תחא הנמ :האושת

ביכִּרַמְ

- הנירגרמ וא האמח סוכ $\frac{1}{2}$
- םיחתור םימ סוכ 1
- חלמ תיפכ $\frac{1}{4}$
- חמק סוכ $1\frac{3}{4}$
- םיציב 4
- (.תויקנוא 12) ;יחמצ ןמש תוסוכ 4
- רכוס

תבורעתה תא םיפיצקמ .תינוניב שא לע ריסב חמקו חלמ ,םיחתור םימ ,האמח םיבברעמ .טעמ םיננצמו שאהמ םיריסמ .רודכ תורצויו תבחמה תונפד תא תבזוע איהש דע ץרמב ,סעפ לכב תחא םיציב םיפיסומו ,הדלפ בהל םע ןוזמ דבעמל וא רסקימל תיפכ םיסינכמ הרומא איה ,הכימס תבורעתהו ופסונ םיציבה לכ רשאכ .הפסוה לכ רחאל הפירט ידכ ךות .ףכ תרזעב התוא םימירמ רשאכ התרוצ לע רומשל

.הלילבב זאו ,םח ןמשב ףכ הליחת םילבוט

םיאיצומ .םידדצה לכמ המחשהל דע םילשבמו םח ןמשל הלילבהמ ףכ תוריהזב םיליטמ .גפוס רייננ לע םיננסמו תררוחמ ףכ תרזעב ןמשהמ

94. המולד לחג פודינג לביבות

תחא הנמ :האושת

ביכְּרַמ

- םרג 25 חפות חמק
- הריב רטילילימ 125
- בלח רטילילימ 125
- םירק םימ רטילילימ 125
- דלומה גח גנידופ ראשנ 1
- ליגר חמק 1
- ןמש םע קומע ןוגיט 1

.תוקד 20-ל דצב םיחינמ .הלילב רוציל ידכ םינושארה םיביכרמה תעברא תא םיבברעמ

.180C-ל קומעה ןוגיטה תא םיממחמ

.הלילבב םילבוט זאו חמקה ךרד םילגלגמ ,תועבצא וא תויבוקל גנידופה תא םיכתוח
.הבהזהל דע קומע ןמשב םינגטמ

.םישיגמו חבטמ תבגמ לע םיננסמ

95.תויתפרצ תוביבל

תחא הנמ :האושת

ביכרמ

- דרפומ ;םיציב 2
- בלח סוכ⅔
- הפונמ ;חמק סוכ 1
- חלמ תיפכ ½
- סמוּמ ;האמח ףכ 1
- ןומיל ץימ תופכ 2
- תררוגמ הפילק ;ןומיל 1
- רכוס תופכ 2
- סננא ,םיזופת וא םיחופת 4
- םיסגא וא םינאת

3 דע םייתעש דומעל םיחינמו רכוסהו ןומילה תפילק םע םכתריחבל ירפ תוסורפ םירזפמ .הקדה רטירפ תלילבב םילבוטו םיננסמ .תועש

םילפקמ .ןומיל ץימו חלמ תאמח ,חמק ,בלח ,םינומלח ,רסקימ םע דחי םיפיצקמ :הלילבה .תושקונב םיפורטה םינובלחה תא המינפ

375 קומע ןמושב םינגטמ

.קותמ בטור וא פוריס וא ,10xsugar םע םח םישיגמו םיננסמ

96. לפיימ תוביבל

םיטירפ 24 :הקופת

ביכרמ ינא

- םיציב לכ 3
- תנמש ףכ 1
- חלמ תיפכ ½
- בלח תוסוכ 2
- היפא תקבא תויפכ 2
- חמק תוסוכ 4

דחי תנמשו םיציב םיפרוט .בלח םיפיסומו חמק םע חלמו הייפא תקבא םיבברעמ דע םיגגטמו 370F-ל םמוחמ ,םח ןמושל תופכ יפל םיקרוז .חמקה תבורעתל םיבברעמו .םח לפיימ פוריס םע םישיגמ .תוקד 5-כ ,םויסל

97. סופגניות

25 וא 20 :האושת

ביכְּרַמ

- םימימח םימ סוכ 1
- םישבי םירמש הליבח 1
- רכוס ףכ 1
- הרטמ לכל חמק תוסוכ 4
- םח בלח סוכ 1
- (תסמומ) חלמ אלל האמח ףכ 1
- ןמש ףכ 1
- 1 הציב
- חלמ תויפכ 2
- רכוס תופכ 3
- םכמעט יפל הביר
- רזפל ןומניקו רכוס

.תוקד 10 חונל םיחינמו םירמשה יביכרמ תא םיבברעמ

תא טאל םיבברעמ .חמקה דבלמ םירמוחה לכ םע דחי םירמשה תבורעת תא םיבברעמ תא םידדומ ,קומעו םח ןמשב םינגטמ .תועש 3 חונל םינתונ .בטיה םידבועו חמקה .הלודג ףכב הלילבה

הופכים פעם אחת להשחמה אחידה. מסננים מעל מגבות נייר. כשמתקרר, ממלאים בריבה ומפזרים סוכר וקינמון.

98. לביבות יין

תונמ 4 :הקופת

ביִכְּרַמ

- 4 לקמ גוסמ תוינמחל
- (תוסוכ 1 3/4) חמק םרג 200
- םיציב 2
- בלח רטיל $\frac{1}{4}$
- חלמ טרוק 1
- קומע ןמשב ןוגיטל ןמוש
- רדייס וא ןיי רטיל יצח
- מועטל רכוס

.תוסורפ 4-ל תוינמחלה תא םיכתוח .הלילבל חלמהו בלחה ,םיציבה ,חמקה תא םיבברעמ .הבהזהל דע םינגטמ זאו הלילבב תוסורפה תא םילבוט

תא גופסל ןמז םהל ונת .רדייס וא קתוממ םח ןיי ןהילע םיקצויו ,הרעקב תוביבל םירדסמ .השגהה ינפל ןייה

FRITTERS פייס׳

99.ןומניק תוביבל

תחא הנמ :האושת

ביכְּרַמ

- םימח םימ סוכ 1
- רוציק סוכ⅓
- חמק תוסוכ 2
- רכוס סוכ ½
- ןומניק ףכ 1
- חלמ
- היפא תקבא תויפכ 2
- קומע ןוגיטל ןמש
- ןומניק ¼
- קיק רכוס סוכ ½

חלמה ,ןומניקה ,רכוסה ,חמקה תא המינפ םיבברעמ .םימח םימב רוציקה תא םיסיממ .תוחפל העש ךשמל קצבה תא םיננצמו רודכל םילגלגמ .בטיה םיבברעמ .הייפאה תקבאו םינטק םישוג םירבוש .תבחמב וא קומע ןוגיטמב ל-375 "1 לדוגב יחמצ ןמש םיממחמ .םירודכל םילגלגמו קצב לש

המחשהל דע תוקד 3-4 קומע ןמשב םינגטמ

לע תוקד המכ םיננצמו גפוס ריינ לע םיננסמ .תררוחמ ףכ תרזעב םחה ןמשהמ םירימרמ תבורעתב תומח ןומניק תוביבל םילגלגמ .הרעקב דחי רכוסו ןומניק םיבברעמ .תשרה .םח םישיגמ .ירמגל ןתוא תופצל ידכ רכוסה

100. ףירח הליבט בטור םע סרית תוביבל

תונמ 8 :הקופת

ביִכּרַמ

- הָכּוּמ ; תולודג םיציב 2
- בלח סוכ ¾
- ןוחט ןומכ תיפכ 1
- חמק תוסוכ 2
- םעטה יפל לפלפו חלמ
- סרית יניערג תוסוכ 2
- ץוצק ;היליזורטפ תופכ 3

ףירח םיזופת בטור

- םיזופת תדלמרמ סוכ ½
- ירט םיזופת ץימ סוכ 1⅜
- דָרוּגמְ ;ר'גני'ג ףכ 1
- ןו'זיד ןונגסב לדרח תיפכ ½

בטיה םילבתמ .חמקה לע ןומכה תא םיבברעמ תרחא הרעקב .בלחו םיציב םיפרוט הרעקב לפלפו חלמב

סרית המינפ םיבברעמ .הפרטמ תרזעב חמקה ךותל םיציבה תבורעת תא םיפרוט סחה ןמושה ךותל סריתה תבורעת תא קורז תולעמ 375-ל ןמש םיממחמ .היליזורטפו הבהזהל דע ,תחא םעפ םיכפוה ,םינגטמ .תבחמה תא קיבדהל ילבמ

הרוטב מרכיבי את מערבבים סופג. נייר על ומסננים מוציאים
ומגישים .

מוכיס

דרדה איה תבחמהמ םחו ךירפ .אילפהל תידדצ איה העונצה הגועה ,החולמה וא הקותמה תחוראמ קלחכ דחוימב ,קצב לע תססובמה הנמהמ תונהיל ונילע הבוהאה רתויב הבוטה .עובשה ףוסב הלצע רקוב

תחוראל תומיאתמה ,יטנדקדו רישע קוניפ ןהש תויתיב תוביבל ןיכהל לק ,הדפקה תצק םע רשפאש הזה רפסב תוביבל ינוכתמ לש בחר ןווגמ שי .שונשנכ םתס וא חוניק ,ברע ,רקוב .דחא לכ טעמכ וחמשי יאדוובש תוסנל

תוטולבלו חבטמל המיאתמש המיאתמה הלילבה תא אצמ ,תוביבל ןיכהל ליחתתש ינפל םעטל לילק סוקוק ןמשב שמתשמה הזה יסיסבה הלילבה ןוכתמ תא הסנ .ךלש םעטה .חולמו רשב דעו םייתוריפו םיקותממ ,םינוש םייולימ םכתריחבל ובברע .ןנערמ

Milton Keynes UK
Ingram Content Group UK Ltd.
UKHW020759061023
430068UK00014B/647

9 781835 644560